GISELA SCHINZEL-PENTH
Sagen und Legenden um Chiemgau und Rupertiwinkel

Sagen und Legenden um Chiemgau und Rupertiwinkel

gesammelt und neu erzählt von Gisela Schinzel-Penth
20 Federzeichnungen von Heinz Schinzel

Oswald Schinzel,
unserem lieben Vater und Schwiegervater,
dem der Chiemgau Heimat geworden ist,
herzlich gewidmet

Titelbild: »Schloß Chieming« nach einem Stich von
　　　　　Michael Wening, um 1700

CIP-Kurztitelaufnahme der Deutschen Bibliothek

Schinzel-Penth, Gisela:
Sagen und Legenden um Chiemgau und Rupertiwinkel /
ges. u. neu erzählt von Gisela Schinzel-Penth.
20 Federzeichnungen von Heinz Schinzel. —
Andechs-Frieding : Ambro Lacus, Buch- u. Bildverl., 1985.
　ISBN 3-921445-13-2

© Copyright 1985 by Ambro-Lacus — Buch- und Bildverlag. D-8138 Andechs-Frieding.
Alle Rechte der Verbreitung sowie des auszugsweisen Nachdrucks sind vorbehalten.
Gesamtherstellung: EOS Druckerei, 8917 St. Ottilien.

Inhaltsverzeichnis

Die Stadt Roglau im Chiemsee 9
Der Ritter und die Toten 10
Die Krautinsel im Chiemsee 13
Eine Irmengardlegende vom Chiemsee 14
Das Liebespaar auf der Fraueninsel 16
Der gespenstische Mönch auf Herrenchiemsee 18
Die Nikolauskapelle bei Feldwies 18
Geistermusik in Feldwies 19
Wie die Salvatorkirche bei Prien entstand 23
Die Geistermesse in St. Salvator bei Prien 24
Die wundersame Rettung des Zimmermannes aus Prien 25
Die Kolomankapelle bei Hochstätt 28
Wie die Kirche von Eggstätt entstand 29
Das Wegkreuz von Breitbrunn 30
Die »Spend« von Nußdorf 33
Der Georgiritt von Traunstein 34
Wie der Klobenstein bei Traunstein entstand 36
Der Felsblock in der Traun 38
Wie der Brot-Irgl die Franzosen besiegte 39
Die Gründung von Maria Eck 40
Der heilkräftige Stein am Scharamberg 44
Die Maria Ecker Pfennige 46
Die Bergmännlein im Kienberg 46
Die Quelle des hl. Primus in Bad Adelholzen 49
Der Schatz im Engelstein 49
Die wilden Frauen bei Bergen 51
Frau Engela vom Engelstein 52
Die Gründung der Burg Marquartstein 53
Der Geisterwagen der Gräfin Adelheid 57
Die Kapelle auf dem Schnappen 59
Der unglückliche Graf von Hohenstein 60
Das Gespenst der Gräfin Kunigunde bei Hohenstein 63
Wie die Lindenkapelle bei Grassau entstand 66
Die Seeräuber in Unterwössen 67
Die böse Frau von Rettenburg 69
Die Burg bei Reit im Winkl 74
Warum Reit im Winkl zu Bayern gehört 75

Wie die Klobensteinkirche bei Schleching entstand 76
Die Geister bei der Servatiuskapelle auf dem Streichen 77
Der Spuk auf der Kampenwand 79
Der grimme Herr von Katzenstein 82
Der furchtsame Ritter von Klammenstein 83
Das Teufelsloch im Petersberg.......................... 86
Der Teufelsritt auf dem Petersberg 89
Die drei Frauen auf Schloß Falkenstein 90
Die schwarze Frau auf Falkenstein 91
Der Hundsgraben am Großen Madron.................... 92
Das goldene Horn im Inn............................... 93
Der unheimliche Pudel beim Rachelschloß 95
Die drei seltsamen Wünsche des Schmiedes
von Rumpelbach 97
Der verschwundene See................................105
Wie Dämonen bezwungen werden........................105
Der Schelm vom Samerberg.............................106
Woher der Name Rosenheim kommt 107
Die Geisterkatzen auf der Innbrücke in Rosenheim 108
Der Schatz im Brunnen 109
Der dumme Teufel und der schlaue Schmied 109
Die versunkene Stadt im Simssee........................110
Der unheimliche Kamerad 110
Das seltsame Klagen in Vogtareuth......................115
Wie ein Vogtareuther den Teufel besiegte 115
Vom Knecht, den der Teufel holte 116
Der Fuhrmann und die arme Seele 116
Der Pfarrer, der umgehen mußte 117
Vom Bockreiter und seiner Abwehr 118
Das unheimliche Haus bei Weitmoos 120
Die Drud bei Griesstätt 120
Schloß Warnbach......................................121
Das Kolumba-Jesulein von Altenhohenau 121
Das Wildschwein und die Glocken 122
Das Kreuz auf dem Inn bei Attel 122
Der Grenzsteinversetzer von Eiselfing....................123
Der Grenzsteinversetzer von Schonstett 124
Der Bauer und die Kröte 125
Der unheimliche Hund beim Eiselfinger Friedhof............126

Der Hund im Hafenhamer Wald..........................127
Der Wilderer und das Teufelsreh.......................128
Die Drachen über Wasserburg 129
Die Wahrzeichen von Wasserburg 129
Die beiden Baumeister von Wasserburg 132
Die Jakobskirche zu Wasserburg 134
Der Geist des Soldaten 136
Die wilde Jagd am Inn 136
Das seltsame Pulver im Butterfaß 137
Die Dohlen in der Kirche von Schnaitsee 140
Der Schatz der Räuber 141
Der tote Vater am Wegrand..............................142
Die neun Überlebenden von Nöstlbach 142
Der unterirdische Gang bei Amerang 143
Wie Aindorf vor den Franzosen gerettet wurde 143
Der Hottowa..144
Der Pandurentambour Hottowa am Leiboltsbergerhof 145
Der Hottowa und die Kartenspieler 164
Der Hottowa und der Bauer 164
Der Hottowa heute 165
Die Raubritter von Kling 166
Wie die Kirche von Pittenhart entstand 166
Die Franzosen in Pittenhart 167
Der Teufelsbock bei der Pestkapelle 168
Der dreimal Begrabene von Wimm 170
Der Rosenkranz in der Pittenharter Kirche 171
Das Sühnekreuz an der Oberbrunner Straße 171
Wie der Schneckenhauser See entstand...................172
Der Teufel auf dem Schneckenhauser See 174
Frau Bercht in Gebertsham 174
Das Marterl des Wildschützen bei Aiglsham 175
Die drei Raubritter....................................176
Wie die Kirche von Albertaich entstand.................177
Die Sage von Seeon 178
Der gespenstische Mönch an der Alz 178
Die Brunnenkapelle in Traunwalchen 180
Der wilde Ritter Heinz von Stein 180
Der Geist der Gräfin Adelheid auf Baumburg 186

Das französische Königspaar auf dem Altarbild
von Baumburg 187
Der Schlupfstein von Sankt Wolfgang 188
Der Haberwawa 189
Der unselige Geist im Getreidespeicher 189
Woher Trostberg seinen Namen hat 192
Die heilsame Luft von Trostberg 193
Der Brückenbau über die Alz bei Trostberg 193
Flachsbräuche in der Gegend von Trostberg 194
Wie die Cholerakapelle bei Kammer entstand 195
Der Spuk im Pferdestall 196
Das Gespenst ohne Kopf am Waginger See 197
Die Wetterglocke von Meggenthal 201
Die Wildschützen von Meggenthal 203
Die steinernen Brote von Kay 205
Der unheimliche Eisstockschütze 206
Das echte und das falsche Heilwasser von Salling 210
Das Duell der Brüder bei Salling 212
Die Raubritterburg von Lanzing 213
Das Marterl am Schusterberg von Kay 213
Der Schatz im Friedhof von Lanzing 214
Das Teufelsbrünndl bei Guggenberg 215
Die wilde Jagd bei Tittmoning 217
Die Pest in Mühlham 220
Wie der Schmied von Mühlham die Pest überlebte 220
Die Scheintote auf dem Pestkarren 222
Die sprechenden Ochsen bei Halsbach 223
Die Votivtafel in Marienberg 224
Der Galgenpater von Burghausen 224
Der eingemauerte Koch von Burghausen 226
Nachwort 228
Quellenangaben 228
Register 238

Die Stadt Roglau im Chiemsee

Der Sage nach bildeten früher die Inseln und Halbinseln im Südwestteil des Chiemsees eine zusammenhängende Landmasse. Darauf lag eine blühende Stadt – Roglau mit Namen –, die weithin von fruchtbarem Land umgeben war. Die Bewohner besaßen riesige Rinderherden, die sie auf den üppigen Weiden ringsum grasen lassen konnten, ohne sich viel um sie kümmern zu müssen. So waren sie mit der Zeit zu großem Wohlstand gelangt. Der Überfluß aber, in dem sie lebten, ließ sie die Gaben der Natur, die ihnen ohne Anstrengung ihrerseits und in überreichlichem Maße geschenkt wurden, gering achten. Sie fanden nichts dabei, wenn ihre Kinder mit Nahrungsmitteln spielten und diese dabei verdarben, wenn sie sich damit vergnügten, auf den staubigen Straßen mit den Füßen Brotlaibe hin- und herzuschießen, als wären es Bälle.

Niemand hielt es für nötig, in die Kirche zu gehen und Gott um seinen Segen zu bitten, man hatte ja auch ohne diesen Segen alles, was man wollte. Wenn sonntags die Glocken zur Messe riefen, kümmerten sich die Leute nicht darum. Sie trieben lieber ihr Vieh auf die Weide, um ihren Reichtum noch zu vergrößern, und ließen es sich ansonsten wohlergehen, als in unbequemen Kirchenbänken dem HERRN die Ehre zu geben.

Da ereilte sie eines Tages ein furchtbares Strafgericht. Ganz unerwartet schwoll der Chiemsee mit einem Mal an, als würde er von Tausenden von Quellen zusätzlich gespeist, trat über seine Ufer und fraß sich immer weiter ins Land hinein. Er verschlang die ganze Stadt mit allem, was darin war. Nur die beiden etwas erhöhten Stellen, auf denen einige fromme Frauen und Männer ihre Klöster gebaut hatten, blieben verschont und ragten als Inseln aus der riesigen Wasserfläche hervor.

Seit der Zeit liegt Roglau auf dem Grund des Sees. Wie es heißt, kann man manchmal, wenn es ganz windstill ist, und das Wasser klar und glatt wie ein Spiegel ist, aus der Tiefe einen Kirchturm und ein paar Treppenstufen heraufschimmern sehen. An nebligen Tagen scheint es bisweilen, als läute eine Glocke der versunkenen Stadt gedämpft vom Grund des Sees herauf.

Der Ritter und die Toten

Im Chiemgau lebte einst ein Ritter, der schon viele Heldentaten vollbracht hatte und im ganzen Land wegen seiner Furchtlosigkeit und seiner Tapferkeit berühmt war. Trotzdem wurde er nicht stolz und eingebildet wie manch anderer, dem die Bewunderung vieler Menschen gilt, er blieb vielmehr freundlich und bescheiden wie eh und je. Er war ein sehr frommer Mann. Immer, wenn er an einer Kirche vorbeikam, nahm er sich die Zeit, in das Gotteshaus zu treten und dort ein kurzes Gebet zu sprechen. Ähnlich verhielt er sich auch, wenn er zu einem Friedhof kam. Auch dann machte er halt, stieg vom Pferd, kniete nieder und betete für die Toten.

Einmal geschah es, daß der Ritter noch spät in der Nacht unterwegs war. Mensch und Tier hatten sich schon längst zur Ruhe begeben, und tiefe Stille lag über der Landschaft. Da sah er mit einem Mal vor sich im Mondlicht die weiße Mauer eines Friedhofes schimmern, an dem er immer auf seinem Heimweg vorübermußte. Wie es seine Gewohnheit war, hielt er an, stieg vom Pferd und kniete dann mitten auf dem Friedhof bei einer uralten mächtigen Linde nieder, um für die Verstorbenen zu beten. Plötzlich durchbrachen unerwartete Laute die feierliche Stille der Nacht – unterdrücktes Stimmengemurmel und das leise Klirren versteckt getragener Waffen.

Der Ritter blickte auf und sah im gleichen Augenblick eine wilde Horde verwegen aussehender Gestalten auf sich zustürzen.

Eine Räuberbande hatte sich so geschickt hinter der Mauer und den Büschen des Friedhofs verborgen gehalten, daß er sie nicht bemerkt hatte und ahnungslos in die Falle geraten war.

»Gott steh' mir bei, jetzt gilt es mein Leben!« dachte er erschrocken. Er hatte gerade noch Zeit, sein Schwert aus der Scheide zu reißen, da waren die Wegelagerer schon über ihm, und klirrend prallten die Wafen aufeinander. Der Ritter kämpfte wie ein Löwe, doch war ihm sehr wohl die Tatsache bewußt, daß er der Übermacht der Feinde, die von allen Seiten auf ihn eindrangen, auf die Dauer nicht gewachsen war. Es war nur eine Frage der Zeit, dann würden seine Kräfte erlahmen und er mußte ihnen unterliegen.

Schon ging sein Atem rasselnd, schon klebte sein ganzer Körper vor Schweiß, schon wurden seine Bewegungen, mit denen er die mächtigen Hiebe seiner Angreifer abzuwehren versuchte, schwerfälliger und matter. Da hörte er plötzlich einen wilden Entsetzensschrei:

»Seht, Kameraden, seht da!«

Einer der Räuber hatte ihn in panischer Angst ausgestoßen und machte damit die anderen auf ein Schauspiel aufmerksam, das sich vor ihren Augen abspielte, das sie aber in der Hitze des Gefechtes bisher nicht beachtet hatten.

Lautlos, wie von Geisterhand, hatten sich mit einem Mal die Gräber ringsum geöffnet, und die Gerippe der Toten stiegen daraus hervor, wobei ihre Gebeine schaurig klapperten. Mit unbeirrbarer Zielstrebigkeit, die blicklosen Höhlen der Totenschädel starr auf die Räuber gerichtet, auf den fleischlosen Gesichtern das ewig unheimliche Grinsen der Gebisse, so näherten sie sich den Wegelagerern, um mit ihnen zu kämpfen. Diese ließen augenblicklich von dem Ritter ab und stürzten, von Grauen geschüttelt, laut brüllend und in wilder Panik davon.

So war der Ritter auf wundersame Weise gerettet. Aber ehe er sich noch bei seinen seltsamen Helfern bedanken konnte, waren diese verschwunden, und die Gräber lagen wieder still und geschlossen im fahlen Mondlicht, als wären sie nie offen gewesen.

Da kniete der Ritter abermals nieder und betete lange für die Verstorbenen, um ihnen seinen Dank auf diese Weise abzustatten. Dann erhob er sich und ritt ohne Furcht nach Hause.

Die Krautinsel im Chiemsee

Auf der kleinen Insel im Chiemsee, die zwischen der Herreninsel und der Fraueninsel liegt, wächst nur wildes Kraut und Gestrüpp. Wie es dazu kam, wird uns in der Sage (Bayerische Sagen und Bräuche von Friedrich Panzer Band I Nr. 436) berichtet:

»Im Chiemsee liegen die beiden Inseln Herreninsel und Fraueninsel und auf diesen die beiden Klöster Herrenchiemsee und Frauenchiemsee. Zwischen diesen beiden fruchtbaren Inseln liegt eine kleinere, unfruchtbare, nur niederes Gesträuch hervorbringend. Die Mönche und Nonnen der genannten Klöster sollen nach der Krautinsel hinüber geschwommen sein, wo sie der Liebe pflogen. Zur Strafe dieses Unfuges bleibt die Krautinsel unfruchtbar und öde, und die Mönche und Nonnen, welche das Gelübde der Keuschheit gebrochen hatten,

sind für immer in den sich am südlichen Ufer des Chiemsees erhebenden Kaiserberg gebannt. Sobald nun ein Sturm die Wellen des Chiemsees gefahrdrohend für den Fischer bewegt, flucht er, vermeinend, daß, so oft die Gebannten im Kaiserberge ihr Unwesen treiben, der See stürmisch wird.«

Eine Irmengardlegende vom Chiemsee

Irmengard, eine Urenkelin Kaiser Karls des Großen, war die Tochter von Ludwig dem Deutschen und der schönen Welfenfürstin Hemma. Die fromme Prinzessin trat früh ins Kloster ein und wurde später Äbtissin von Frauenwörth im Chiemsee, wo sie im Jahre 866 im Alter von 34 Jahren starb. Ihr Angedenken blieb am Chiemsee bis auf den heutigen Tag lebendig. Mit echter christlicher Gesinnung widmete sie sich in besonderer Weise den Unterdrückten und Entrechteten. Wie es heißt, gab es zur Zeit, als sie dem Kloster auf der Fraueninsel vorstand, rund um den See keine Armen. Sie half, wo sie nur konnte, und hatte für die Sorgen und Nöte der Leute immer ein offenes Ohr. Diesen liebenswerten Wesenszug Irmengards veranschaulicht eine Legende, die man sich von ihr am Chiemsee erzählt:

An einem schönen Sommerabend fuhren einmal zwei Brüder von Frauenwörth aus weit auf den See hinaus um in der Nacht Fische zu fangen. Da braute sich ganz unerwartet ein furchtbares Unwetter zusammen. In kürzester Zeit war der Himmel vollständig von schwarzen Wolken überzogen, und es wurde so dunkel, daß die Männer in dem kleinen Boot weder das Ufer noch eine der Inseln sehen konnten. Bald zuckten grelle Blitze zischend ins Wasser, begleitet von ohrenbetäubenden Donnerschlägen. Wild peitschte der Sturm die Wellen hoch, und der Regen fiel in solchen Massen vom Himmel, daß die Männer in dem Boot, das wie eine Nußschale von den entfesselten Naturgewalten hin- und hergeworfen wurde, kaum mit dem Ausschöpfen nachkamen.

»Wenn wir den Weg zur Insel nicht finden, sind wir verloren!« erkannte einer von ihnen voll Entsetzen, und die Furcht vor dem nassen Tod, der ihnen so nahe war, griff mit eiskalten Fingern nach ihren Herzen.

Inzwischen war die junge Frau des einen Bruders mit ihren beiden kleinen Kindern zum Ufer hinabgelaufen. Voller Angst suchte sie mit ihren Augen das Dunkel zu durchdringen, das nur von fahlen Blitzen kurzfristig aufgehellt wurde, um das Boot ihres Mannes zu entdecken. Aber es war vergebens. Als die Naturgewalten immer wilder zu toben begannen, warf sie sich verzweifelt auf die Erde nieder und flehte: »Lieber Gott, laß sie heil zurückkehren! Hilf uns in unserer Not! Was soll aus meinen Kindern und mir werden, wenn mein Mann ertrinkt, und wir keinen Ernährer mehr haben? Hilf uns, hilf uns, hilf uns!«

»Warum bist du so außer dir?« fragte plötzlich eine gütige Stimme neben ihr. Die Frau blickte auf und sah sich Irmengard, der Äbtissin des Klosters, gegenüber. Schluchzend erzählte sie, daß ihr Mann und dessen Bruder noch immer nicht vom Fischen zurückgekehrt seien und daß sie ohne Hilfe wohl umkommen müßten. Da eilte die Nonne, ohne einen Augenblick zu zögern und ohne auf den Regen zu achten, zu der Stelle am Ufer, wo die Boote vertäut waren, band eines davon los, setzte sich hinein und ruderte in den wild schäumenden See hinaus. In diesem Augenblick erstrahlte mit einem Mal dort, wo sie sich befand, ein helles Licht. Es erleuchtete die Dunkelheit und war weit auf den See hinaus zu sehen. Den verirrten

Fischern wurde dieser Schein zur Rettung. Sie schöpften neue Hoffnung, nachdem sie den Kampf mit den Elementen schon fast hatten aufgeben wollen. Mit letzter Kraft ruderten sie dem Licht entgegen. Bald konnten sie die Umrisse der Fraueninsel erkennen und nicht lange danach wankten sie erschöpft an Land, wo sie überglücklich von der Frau und den Kindern begrüßt wurden. So hatte Irmengard die Männer vor dem sicheren Tod gerettet.

Nach ihrem Tode wurde Irmengard am Chiemsee wie eine Heilige verehrt. Wie es heißt, soll sie den Nonnen des Klosters manchmal erschienen sein. Mehr als tausend Jahre später wurde sie seliggesprochen. Der Schrein mit ihren Reliquien wurde in die Apostelkirche gebracht, die seither Irmengardkapelle genannt wird.

Das Liebespaar auf der Fraueninsel

Ein Grabmal auf der Fraueninsel soll an das tragische Schicksal von zwei jungen Menschen erinnern, die sich, gegen weltliche und kirchliche Gesetze verstoßend, liebten. Friedrich Panzer schrieb Mitte des vorigen Jahrhunderts darüber:

»Berthold, aus ritterlichem Geschlecht, ein junger Mönch des Klosters Herrenwerd im Chiemsee, fuhr öfter im Nachen nach der kleinen Insel Frauenwerd zu priesterlichen Verrichtungen. Dort gewann er die Liebe einer schönen jungen Nonne, Mathilde. Sie war die Tochter des Ritter Kunz von Helfenau, der in der Schlacht bei Ampfing blieb. Ihr Oheim riß das väterliche Erbe an sich und zwang die Widerstrebende den Schleier anzunehmen. Begünstigt vom Dunkel der Nacht schiffte Berthold oft nach Frauenwerd zur Geliebten; sein Leitstern war das Licht in Mathildes Zelle. So verfloß den Glücklichen ein halbes Jahr, Mathilde hatte mit Beten und Fasten die gewöhnlichen Bußübungen acht Tage hindurch in des Klosters innerem Raume zugebracht. Am neunten Tage kehrte sie in die einsame Zelle zurück, in Sehnsucht der Nacht harrend. Schwere Wolken, leuchtende Blitze verkünden den nahenden Sturm. Berthold, vermeinend das ersehnte Licht in Mathildens Zelle zu sehen, wagt den Kampf mit den aufgeregten Elementen; aber immer heftiger braust der Sturm, immer schneller und höher drängen die Wogen; nichts vermag der kräftige Arm des Jünglings. Mathilde hatte kein Licht in der Zelle; aber eine dunkle Ahnung trieb sie auf die Mauern des Klosters; Blitze erhellten die Fluten und ließen sie das grausame Spiel erkennen. Der Nachen stürzte um, und der letzte Ruf »Mathilde« raubte der Jungfrau die Besinnung. Als sie erwachte, eilte sie zum Strand des Sees; da lag Bertholds Leiche, umflossen vom bleichen Scheine des Mondes. Sie umschloß den Geliebten, ihr Geist entwich. Als der Tag anbrach und die Mär ruchbar ward, eilten die frommen Frauen, das entseelte Paar zu sehen. Der Abt erhielt Kunde und verweigerte geweihten Boden.

Aber ein ergrauter Klausner aus ritterlichem Geschlecht, welchem ein hartes Geschick die Braut raubte, grub den Liebenden in des Klosters geweihter Erde ein Grab.«

Der gespenstische Mönch auf Herrenchiemsee

Als die Mönche während der Säkularisation Herrenchiemsee verlassen hatten, spukte dort noch längere Zeit der unselige Geist eines Klosterbruders. Seine unheimliche Gestalt schlich des Nachts in langer schwarzer Kutte in dem Bauwerk umher. Er suchte mit gierigen Händen in Küche und Keller des alten Schlosses (ehemaliges Klostergebäude) nach längst vermoderten Sachen oder grub im Kreuzgang nach Schätzen, die nicht vorhanden waren. Wie es heißt, soll der Unselige zu seinen Lebzeiten Kastner des Klosters gewesen sein und durch seine Habsucht und seinen krankhaften Geiz schwere Schuld auf sich geladen haben, die ihn keine Ruhe im Grab finden ließ.

Die Nikolauskapelle bei Feldwies

Am »Gamerzipfel«, der als kleine Landzunge bei Feldwies in den Chiemsee reicht, steht eine Kapelle, die dem hl. Nikolaus, dem Schutzheiligen der Schiffer geweiht ist. Eine Votivtafel darin gab den Grund für ihre Errichtung an.

Vor langer Zeit wollten einmal drei Männer von der Fraueninsel aus über den See nach Chieming am Ostufer rudern. Sie waren bereits weit draußen auf dem Wasser, als sich am Himmel ein schweres Unwetter ankündigte. Eine drohende Wolkenwand türmte sich auf, und kurz darauf erhob sich ein heftiger Sturm. Einer der drei bekam es derart mit der Angst zu tun, daß er nicht mehr weiterfahren wollte. Da setzten ihn die anderen auf seinen Wunsch hin nahe dem genannten Gamerzipfel an Land. Sie selbst aber fuhren trotz der Gefahr weiter. Als sie sich mitten auf dem See, weitab von jeder menschlichen Hilfe, befanden, brach das Gewitter mit ungeheurer Gewalt los. Meterhohe Wellen wurden aufgepeitscht, und sintflutartiger Regen fiel vom Himmel. Grelle Blitze fuhren zischend neben dem Boot ins Wasser und beleuchteten zeitweise alles ringsum mit ihrem fahlen, gespenstischen Licht. Als sich das Unwetter endlich ausgetobt hatte und die Donner langsam in die Ferne vergrollten, sah man den Kahn der beiden tollkühnen Schiffer kieloben auf dem Wasser treiben, sie selbst aber waren in den wilden Wogen ertrunken.

Als er erkannte, welcher tödlichen Gefahr er so knapp entronnen war, ließ der Mann, der am Gamerzipfel ausgestiegen war, aus Dankbarkeit für seine Errettung dort die kleine Nikolauskapelle errichten.

Geistermusik in Feldwies

Eine seltsame Spukgeschichte soll sich einmal in Feldwies am Chiemsee zugetragen haben. Zwei Jahre vor der großen Teuerung starb dort in seinem Haus der Weber des Dorfes. Er hinterließ seinen vier erwachsenen Kindern – zwei Söhnen und zwei Töchtern – sein kleines Anwesen. Die Geschwister vertrugen sich gut und lebten weiterhin miteinander auf dem Hof, ohne daß es zu großen Streitereien kam.

Seit dem Tode des Vaters war fast ein Jahr vergangen, als mit einem Mal merkwürdige Geschehnisse einsetzten, welche die Kinder des Webers beunruhigten. Am hellichten Tag, so gegen Mittag, als alle im Haus beim Essen saßen, hörten sie plötzlich vom oberen Stock her ein deutlich vernehmbares Winseln. Sie konnten sich seinen Ursprung nicht erklären, dachten sich jedoch noch nichts weiter, weil es bald verstummte. Am nächsten Mittag aber ertönten von oben laute Arbeitsgeräusche, so, als würde jemand fleißig haspeln.

»Was ist das?« fragte die jüngere Tochter ängstlich. »Hört ihr auch, was ich höre?«

Die Brüder stiegen beherzt in den Oberstock hinauf, konnten aber nichts Ungewöhnliches feststellen. Da beruhigten sich alle wieder. Mit der Ruhe war es jedoch am nächsten Tag vorbei, als ganz deutlich Laute zu vernehmen waren, wie sie entstehen, wenn jemand an einem Webstuhl sitzt und arbeitet.

»Das geht nicht mit rechten Dingen zu«, sagten sich die Geschwister, nachdem sie im Oberstock nachgesehen und keine Menschenseele gefunden hatten.

Mit Bangen erwarteten sie den kommenden Tag. Und wieder fingen gegen Mittag die geisterhaften Geräusche an. Diesmal erklang eine wunderschöne Musik, die von einer Klarinette und einer Querpfeife gespielt wurde. Am fünften Tag endlich konnten sie verwundert einem ganzen Orchester lauschen. Eigenartig war, daß jedesmal, wenn sie in den oberen Stock hinaufgingen, um nach der Ursache des ungewöhnlichen Spektakels zu forschen, dieser schlagartig verstummte, und sie nichts entdecken konnten, was ihn hervorgerufen haben könnte. Kaum aber befanden sie sich wieder im unteren Teil des Hauses, hob er von neuem an und dauerte manchmal bis zwei Uhr nachmittags.

Im Laufe der Tage hatten die Geschwister die Furcht vor dem Spuk verloren, weil niemals etwas Böses geschah, und weil sich die Phänomene ausschließlich bei Tage abspielten. Sie erzählten ihren Nachbarn und Freunden davon und stießen, wie nicht anders zu erwarten, auf Unglauben.

»Da macht sich jemand von eurem Gesinde einen Spaß mit euch!« mutmaßten die einen. Andere erklärten die Vorfälle mit überhitzter Phantasie:

»Ihr bildet euch das nur ein, so etwas gibt es nicht!« »Nun gut, dann überzeugt euch selbst davon, daß wir die Wahrheit gesprochen haben«, verlangte der älteste Bruder und lud alle Zweifler für den nächsten Tag in sein Haus ein. Alle Hausbewohner und Gäste mußten sich in der Stube versammeln, so daß keiner Unfug treiben konnte. Die oberen Räume waren, nachdem sich alle davon überzeugt hatten, daß sie leer waren, vom ältesten Bruder abgeschlossen worden. Nun harrten sie der Dinge, die da kommen sollten.

Als sich lange Zeit nichts ereignete, schlugen einige Freunde der Geschwister vor, sich die Zeit mir Kartenspielen zu vertreiben. Sie hatten aber noch nicht lange gespielt, als plötzlich eine zauberhafte Musik zu hören war. Noch mehr Instrumente als am vergangenen Tag musizierten miteinander um die Wette. Auch Pauken und Trompeten waren dabei.

»Noch nie habe ich so schöne Musik gehört!«, hauchte eine Nachbarin ganz entzückt, und leise stimmte ihr eine andere zu: »Ich auch nicht, die ist sicher nicht von dieser Welt!« Nachdem die Anwesenden eine Weile ganz entrückt gelauscht hatten, beschlossen sie, gemeinsam in den Oberstock hinaufzugehen, von wo ganz eindeutig die Klänge kamen. Kaum jedoch hatte der älteste Bruder die Räume aufgeschlossen, verstummte die Musik. Obwohl die Geschwister und ihre Freunde den gesamten Oberstock bis in den hintersten Winkel und bis unter das Dach genau absuchten, konnten sie nichts finden, was die herrliche Musik erklärt hätte.

»Seltsam«, wunderten sich die Anwesenden und schüttelten die Köpfe, »nun glauben wir, daß ihr die Wahrheit gesprochen habt und uns nicht einen Bären aufbinden wolltet.«

Als sie wieder miteinander in den unteren Stock hinabgingen, fing die Musik abermals zu spielen an, erst leise, dann wieder so laut und kräftig wie zuvor.

»So etwas habe ich noch nie erlebt«, wunderte sich ein Nachbar. Seine Frau aber stutzte plötzlich, als sei ihr ein überraschender Gedanke gekommen, und fragte ganz atemlos vor Aufregung:

»Ist nicht genau vor einem Jahr der Weber, euer Vater, gestorben? Vielleicht meldet er sich auf diese Weise! Ich habe von solchen Dingen schon gehört!«

»Ja, um diese Zeit ist es gewesen«, bestätigte die ältere Tochter. Die andere kramte rasch in der Tischschublade nach einem Kalender. Und siehe da, auf den Tag genau vor einem Jahr war der Weber gestorben. Nun war in ihren Augen das Rätsel gelöst und der Urheber des Spukes gefunden.

»Wahrscheinlich will er euch kundtun, daß es ihm im Jenseits gut geht«, mutmaßten die Freunde. »Da braucht ihr euch wahrhaftig wegen des Spukes nicht zu fürchten.«

»Das tun wir ja auch nicht«, erklärten die Kinder des Webers, »wir wollten euch doch nur beweisen, daß wir nicht gelogen hatten, als wir euch von der Musik erzählten.«

Vom Todestag des Webers an nahm die Musik in dem gleichen Maße ab, wie sie zuvor zugenommen hatte. Beim vorletzten Mal war wieder das Haspeln, beim letzten Mal noch einmal das Winseln wie am ersten Tag zu hören.

Von da an war der freundliche Spuk für immer verschwunden, obwohl es die Kinder des Webers, die sich schon daran gewöhnt hatten, fast bedauerten.

Wie die Salvatorkirche bei Prien entstand

Es ist schon mehr als 800 Jahre her, da empfing eine Frau aus Siggenham die Hl. Kommunion, obwohl sie mit schwerer Schuld beladen war. Nachträglich bekam sie solche Gewissensbisse, daß sie es nicht wagte, das Hl. Brot zu essen. Verstohlen nahm sie es wieder aus dem Mund und barg es in ihrer Hand. Auf dem Heimweg von Prien nach Siggenham legte sie – als sie gerade über eine Wiese ging und sich unbeobachtet glaubte – die konsekrierte Hostie auf den Boden. Zu ihrem maßlosen Schrecken versank diese dort vor ihren Augen in der Erde. Da wurde sie von einer nie gekannten Angst um ihr Seelenheil ergriffen. Sie rannte in die Kirche zurück, bekannte dem Pfarrer alles, was sie getan hatte, und bat reumütig um die Absolution. Dann zeigte sie ihm die Stelle, wo sich der wundersame Vorfall zugetragen hatte.

An diesem Ort, der durch die konsekrierte Hostie geheiligt war, errichteten die Leute daraufhin die Kirche St. Salvator. Das Gotteshaus stand mehrere Jahrhunderte hindurch mitten in der Landschaft, zwischen Wiesen und Äckern, denn erst im 18. Jahrhundert siedelten sich dort Menschen an. Der Ort wurde ebenfalls St. Salvator genannt. Das heutige Gotteshaus wurde erst in der Spätgotik, Ende des 15. Jahrhunderts, anstatt der alten Kirche errichtet, doch soll der Hochaltar genau an der Stelle stehen, an der einst die Hostie gelegen hatte.

Die Geistermesse in St. Salvator bei Prien

In manchen Nächten wandeln die Untersberger Mönche um Mitternacht auf unterirdischen Pfaden aus dem sagenumwobenen Berg heraus und halten in einem Gotteshaus in der Umgebung eine Messe ab. So glaubten die Leute früher. Es mag schon etwa 200 Jahre her sein, da bemerkte die damalige Mesnerin von St. Salvator bei Prien am Chiemsee, daß die Kirche mitten in der Nacht hellerleuchtete Fenster hatte. Sie verwunderte sich sehr darüber, denn sie wußte genau, daß sie nach der Abendandacht alle Lichter gelöscht hatte.

»Was da nur los ist? Hoffentlich brennt es nicht!«, dachte sie erschrocken, »oder sind etwa gar Einbrecher in der Kirche?« Sie holte ein paar Nachbarn zu Hilfe, weil sie nicht alleine nachzusehen wagte. Leise schlichen sie sich an das Gebäude heran und lugten verstohlen zum Fenster hinein. Da sahen sie, daß die ganze Kirche vollbesetzt war von lauter kleinen Männlein, die schwarze Mönchskutten trugen. Sie feierten – von Orgel und anderen Musikinstrumenten begleitet – andächtig eine Messe.

»Das sind die Untersberger!« raunte ein Nachbar staunend. »Gehen wir doch zu ihnen hinein, sie tun uns bestimmt nichts!« schlug ein ganz Vorwitziger vor und versuchte, die Türe zu öffnen. Aber sie war verschlossen. Er bat die Mesnerin um den Schlüssel, konnte jedoch auch damit nicht aufmachen, obwohl dieser bisher immer tadellos gesperrt hatte.

So lauschten die Beobachter der Geistermesse von draußen, bis sie zu Ende war. Mit einem Mal war der seltsame Spuk vorüber. Schlagartig erloschen die Lichter und verstummte die Musik. Die Kirche lag so still und dunkel da, als wäre nichts geschehen. Die Mesnerin behauptete künftig steif und fest, wann immer sie diese Geschichte erzählte, daß es sich bei den geisterhaften Besuchern von St. Salvator um die Untersberger Männlein gehandelt habe, die gewiß durch den unterirdischen Gang im Steilhang (den es tatsächlich gibt) gekommen seien. Sie berief sich auch auf ihre Nachbarn als Zeugen, weil diese wie sie alles gesehen hätten. Sie erklärte aber jedesmal, daß es sie wundere, daß die Männlein den weiten Weg bis nach St. Salvator gemacht und ihre Messe nicht in einer Kirche, die näher am Untersberg liege, gefeiert hätten.

Die wundersame Rettung des Zimmermannes aus Prien

Ein junger Mann aus Prien am Chiemsee – Franz Stocker mit Namen – hatte im Jahre 1884 ein furchtbares Erlebnis. Er war damals gerade 22 Jahre alt, als er bei einer Holzfahrt aus den Bergen, bei welcher der Schlitten mit der Ladung umkippte, unter die Baumstämme geriet. Er erlitt schwerste Verletzungen, hatte gebrochene Rippen, zahllose Quetschungen am ganzen Körper und eine eingedrückte Schädeldecke, als er ohnmächtig darunter hervorgeholt wurde. Man brachte ihn so rasch als möglich ins Krankenhaus nach München, wo sich seiner mehrere Ärzte darunter der berühmte Dr, Nußbaum, annahmen. Jedoch schien alle Hilfe umsonst. Nach mehreren schwierigen Operationen wurde der junge Mann plötzlich von einem Starrkrampf befallen, der ihm jegliche Reaktion auf äußere Einflüsse völlig unmöglich machte. Seine Augen standen zwar weit offen, so daß er alles sehen konnte, aber er war nicht imstande, auch nur mit einer Wimper zu zucken, geschweige denn einen Finger zu rühren. Da glaubten die Krankenschwestern, der junge Mann sei gestorben, und auch der diensthabende Arzt erklärte ihn für tot.

Franz Stocker, der trotz seines schrecklichen Zustandes alles um sich her wahrnehmen konnte, versuchte mit aller Willenskraft, die er besaß, ein Lebenszeichen von sich zu geben, aber es war ihm nicht möglich. Voll hilflosen Entsetzens mußte er es geschehen lassen, daß man ihn in die Leichenkammer brachte und dort zwischen zwei Toten wie diese in einem Sarg aufbahrte.

Stundenlang lag er dort, panische Angst im Herzen vor dem schrecklichen Schicksal des Lebendigbegrabenwerdens, das ihm drohte. Er meinte verrückt werden zu müssen, wenn er nicht irgend etwas dagegen tun könnte. In seiner höchsten Not fing er an zu beten, so inbrünstig wie nie zuvor, und legte vor Gott ein feierliches Versprechen ab. Er bat um die Fürsprache Mariens und gelobte, wenn er aus dieser grauenvollen Lage errettet und wieder gesund werden würde, zu Fuß ein zentnerschweres Kreuz den zwölfstündigen Weg von Prien nach Altötting zu tragen. Und die Gottesmutter erhörte sein Flehen. In der gleichen Stunden fragte ein anderer Arzt als derjenige, der Franz Stocker für tot erklärt hatte, nach dem jungen Mann. Er wollte nicht glauben, daß dieser so rasch gestorben sei, besonders als er hörte, daß Dr. Nußbaum von dessen Ableben nicht in Kenntnis gesetzt worden war. Von einer unerklärlichen Unruhe getrieben, verständigte er unmittelbar darauf − es war ½ 2 Uhr nachts − den berühmten Professor. Dieser − obwohl er wegen eines schweren Gichtleidens nicht mehr imstande war zu gehen, − ließ sich sofort ins Krankenhaus bringen, befahl, den angeblich gestorbenen jungen Mann in ein Behandlungszimmer zu tragen und setzte dann, mit Hilfe seiner Assistenzärzte alles daran, ihn wieder ins Leben zurückzurufen. Die vereinten Bemühungen hatten endlich Erfolg, die todbringende Starre wich langsam von dem Patien-

ten, und er gab wieder Lebenszeichen von sich. Mit unbeschreiblicher Freude und wachsender Hoffnung hatte Franz Stocker alles über sich ergehen lassen. Nun dankte er zusammen mit den Ärzten und dem berühmten Professor Gott für seine wunderbare Rettung.

Geduldig ertrug er die langen Krankenhauswochen, die er noch aushalten mußte, bevor er endlich als geheilt nach Hause entlassen werden konnte.

In der folgenden Zeit unternahm er mehrere Wallfahrten nach Altötting, aber ohne das versprochene Kreuz, denn eine solche Last zu tragen war er noch nicht stark genug. Endlich, nach 3 Jahren, ging er daran, sein Gelübde einzulösen. Er kaufte in Grabenstätt ein fast zweieinhalb Meter langes Eichenkreuz, dessen Gewicht mehr als einen Zentner betrug. Dann schleppte er es zu Fuß den langen Weg nach Altötting, um der Gottesmutter, deren Fürsprache er seine Rettung verdankte, Ehre zu erweisen.

Noch heute ist dieses schwere Eichenkreuz an dem Gnadenort. Es wird »Stockerkreuz« genannt und trägt das Datum vom 30. Mai 1887, dem Tag der Wallfahrt des Franz Stocker.

Die Kolomankapelle bei Hochstätt

In Hochstätt, zwischen Breitbrunn und Rimsting am Chiemsee, steht eine kleine verschlossene Kapelle aus dem 15. Jahrhundert, die dem hl. Koloman geweiht ist. Der fromme irische Pilger war zu seinen Lebzeiten fälschlicherweise als Spion verdächtigt worden und einfach durch Hängen hingerichtet worden. Sein Leichnam ging wunderbarerweise nicht in Verwesung über, was besonders seine Henker sehr erstaunte. Seither gilt der Heilige als Helfer und Fürsprecher besonders bei Erkrankungen der Glieder, Brüchen, Verstauchungen und ähnlichen Gebrechen. Der hl. Koloman soll, so weiß die Legende zu berichten, einst den Chiemsee durchschwommen haben und bei Hochstätt an Land gegangen sein.

Wie die Kirche von Eggstätt entstand

Einst sollte in Ulsham am Pelhamer See eine Kirche errichtet werden. Die Zimmerleute waren schon fleißig bei der Arbeit, als sich einer von ihnen mit der Axt verletzte. Die Wunde blutete stark und tropfte auf einige Holzstücke, die schon fertig hergerichtet für den Bau neben dem Mann lagen. Da flog plötzlich ein Vogel vom Himmel herab, nahm eines der blutbefleckten Scheite in den Schnabel und brachte es nach Eggstätt, wo er es an einer bestimmten Stelle niederlegte. Dann kehrte er wieder zum Bauplatz zurück und hob – ohne sich im mindesten um die vielen Menschen ringsum zu kümmern – abermals ein Stück Holz auf und trug es nach Eggstätt. So brachte er ein Scheit nach dem anderen in das Nachbardorf. Staunend beobachteten die Handwerker dieses für einen Vogel so ungewöhnliche Tun. »Das ist ein Fingerzeig Gottes«, sagten sie zueinander, »der HERR will die Kirche in Eggstätt haben und nicht hier!« Sie verließen die alte Baustelle und begannen ihr Werk von neuem an dem Platz in Eggstätt, den ihnen der Vogel mit den blutigen Scheiten bezeichnet hatte.

Wie die Legende weiter berichtet, soll der Vogel daraufhin allwöchentlich einmal, mit einem Beutel voller Geldstücke im

Schnabel, erschienen sein, den er bei dem im Bau befindlichen Gotteshaus fallen ließ. So bestand nie Mangel an Geld, und das Werk konnte zügig vollendet werden. Zur Erinnerung an dieses seltsame Geschehen soll im Turm der Eggstätter Kirche früher ein Gedenkstein gewesen sein, auf dem ein Vogel mit einem Geldbeutel im Schnabel abgebildet war, und auf dem sich auch eine Inschrift befand.
Die Kirche von Eggstätt wurde jedoch im Jahre 1866 abgerissen und durch den neugotischen Bau des Münchner Architekten Johann Margraff ersetzt, der heute das Ortsbild des Dorfes beherrscht. Den alten Turm ließ man stehen. Er wurde 1886 durch ein Schallgeschoß und den Spitzhelm erhöht.

Das Wegkreuz von Breitbrunn

An einem Waldrand bei Breitbrunn, etwa fünfhundert Meter außerhalb des Ortes an der Kreuzung der Straße nach Gollenshausen mit der Straße nach Gstad, steht ein altes geschnitztes Eichenkreuz. Die ursprünglich daran befestigte Christusfigur wurde gestohlen und später durch die jetzige aus Eisen ersetzt. Von diesem Kreuz erzählt man sich in Breitbrunn folgende Geschichte:
In einer besonders finsteren Nacht mit einem von schwarzen Wolken verhangenen Himmel, durch den kein Mondes- oder Sternenschein drang, ging ein Bauer durch den Wald nahe Breitbrunn nach Hause. Er gehörte keineswegs zu jenen ängstlichen Naturen, die in der Dunkelheit bei jedem Knacken eines Zweiges zusammenzucken und hinter jedem Gebüsch ein Gespenst oder sonst etwas Schreckliches vermuten, und er war

den gleichen Weg schon oft des Nachts gegangen, ohne sich das Mindeste dabei zu denken. Diesmal aber beschlich ihn plötzlich ein ganz unheimliches, bisher nie gekanntes Gefühl. Es war ihm, als lauere ihm etwas ungemein Böses auf und beobachte ihn genau. Er vermeinte, dessen Blicke auf seinem Rücken geradezu körperlich zu spüren. Beklommen schaute er sich um und bemerkte, daß er von einer dunklen, schemenhaften Gestalt verfolgt wurde, von der die seltsame Bedrohung ausging, ohne daß gesagt werden konnte, woran sie lag, ob an der Haltung, an der Kleidung oder einfach an der bösen Gesinnung, die von ihr ausstrahlte.

Der Bauer beschleunigte seine Schritte und hoffte, den Unheimlichen dadurch abschütteln zu können. Doch als er sich nach einer Weile abermals umblickte, sah er ihn immer noch und diesmal schon bedeutend näher hinter sich. Da krampfte sich vor Furcht sein Herz zusammen, und obwohl er sich selbst einen Feigling schalt, fing er an zu laufen und rannte so schnell wie noch nie in seinem Leben. Die finstere Gestalt seines Verfolgers aber kam unerbittlich näher.

»Um Gottes willen, das wird doch nicht der Teufel sein!« fuhr es dem Bauern mit einem Mal durch den Sinn. Er bekreuzigte sich voller Angst und versprach in seiner Not:

»Wenn ich dieser schrecklichen Gefahr entrinnen kann, so werde ich ein Wegkreuz für diese Straße stiften.«

Kaum hatte er das Gelübde getan, da wurde es ihm mit einem Mal ganz leicht ums Herz, und die Furcht, die ihn wie mit scharfen Krallen gepackt hatte, wich von ihm. Er blickte sich wieder um und bemerkte zu seiner ungeheuren Erleichterung, daß der unheimliche Verfolger verschwunden war, so, als hätte er sich in der Dunkelheit aufgelöst. Ohne weitere Zwischenfälle konnte der Bauer seinen Weg fortsetzen und gelangte wohlbehalten zuhause an.

Und er hielt das Versprechen, das er in der Stunde der Not

gegeben hatte. An der Straßenkreuzung der Gollenshausener und der Gstader Straße ließ er das schöne geschnitzte Eichenkreuz aufstellen, das bis auf den heutigen Tag an dieser Stelle steht.

Die »Spend« von Nußdorf

In Nußdorf, östlich von Chieming am Chiemsee steht eine dem hl. Lorenz geweihte Kirche aus der Spätgotik. Spätestens seit 1433, wahrscheinlich aber noch früher, wurde dort ein seltener Brauch gepflegt, die sog. »Spend«, der wohl mit dem Brauch der Totenspeisung an Allerseelen, wo überall in Bayern sog. »Seelenzöpfe oder Seelenwecken« gebacken und an arme Leute verteilt wurden, noch auf vorchristliche Zeit zurückgeht. Werner A. Widmann schreibt in seinem Buch »Der Chiemgau« über die »Spend«:

»Dabei waren 15 Nußdorfer Bauern zu einer Naturalienspende verpflichtet. So wurden in Traunstein allein 2500 Brote gebacken, die am 1. Mai jeden Jahres auf dem Friedhof an jeden ausgeteilt wurden, der danach verlangte. Bei dieser Austeilung waren der Schloßherr vom nahen Neuamerang, der Traunsteiner Pfleger und der Haslacher Pfarrer zugegen. Allein der Peunterbauer hatte der Spend 100 Eier, Getreide, zwei Hennen und ein Schwein zu liefern. Die Eier schenkte man in hartgesottenem Zustand an die Kinder, das Schweinefleisch bekamen zu Fasching die Armen, den Schmer das Traunsteiner Siechenhaus.«

Der Georgiritt von Traunstein

Weithin bekannt ist der von den Traunsteinern bis auf den heutigen Tag gepflegte Brauch des Georgirittes. Er wird jedes Jahr am Ostersonntag zu Ehren des Drachentöters St. Georg durchgeführt, der, wie der hl. Leonhard, als »Pferdeheiliger« angesehen wird. Wahrscheinlich aber wurde dieser christliche Anlaß einer Segnung von Mensch und Tier zum Schutz vor Krankheit oder Unfall einem germanischen Kult, der schon viel früher bestand, nur untergeschoben, weil die Leute nicht davon ablassen wollten, auch als sie sich schon zum Christentum bekehrt hatten. Dafür, daß der Brauch in Traunstein seine Wurzeln in der Heidenzeit hat, spricht die Wahl des Ortes, zu dem hin der Ritt abgehalten wird. Man vermutet heute, daß der kegelförmige, von alten Linden bewachsene Hügel, auf dem die Ettendorfer Kirche steht, ein vorchristlicher Kultplatz gewesen ist. Auch der Ostermontag als Durchführungstag – der eigentliche St. Georgstag ist der 23. April – deutet an, daß einem zu diesem Zeitpunkt stattfindenden heidnischen Brauch, möglicherweise zu Ehren der umstrittenen Frühlingsgöttin Ostara, nachträglich ein christlicher Sinn gegeben wurde.

Heute bietet dieser Georgiritt von Traunstein ein fröhliches, farbenprächtiges Schauspiel, zu dem Pferdebesitzer aus der ganzen Umgebung mit ihren gepflegten, gestriegelten und schön aufgeputzten Pferden kommen. Die Teilnehmer treffen sich auf dem Stadtplatz. Ein mittelalterlich gekleideter Herold eröffnet das Fest mit den traditionellen Worten:

»Nach Ettendorf wir reiten
wie zu der Väter Zeiten.
Hie gut alleweg,
alten Bauchs Pfleg.«

Hinter dem Herold reiten Landsknechte, gewandet wie zur Zeit Frundsbergs, unter ihnen Fanfarenbläser, Trommler, Fahnenschwinger und in ihrer Mitte in eiserner Rüstung »Ritter Liendl«. Am Schluß der Landsknechtsschar kommt Ritter Hans von Schaumberg (der von 1552 – 70 Pfleger der Stadt Traunstein war). Nun folgt auf weißen Pferden eine Gruppe von Engeln, die von Kindern zu Fuß begleitet werden, und dann endlich der Hl. Georg selbst, in Schuppenpanzer und purpurrotem Mantel zwischen römischen Soldaten. Auch die Prominenz von Kirche und Staat ist dabei, teils zu Pferd, teils im Wagen. Dahinter kommen die Ettendorfer, in deren Mitte zwei weißgekleidete Mädchen die Opferkerzen für den Altar tragen. Ihnen folgt die eigentliche Prozession von Reitern aus allen umliegenden Ortschaften, die sich paarweise in den Zug einordnen. Alle reiten, in Ettendorf angelangt, einmal um die Kirche herum, wo von der Benediktionskanzel aus der Segen erteilt wird. Nach der Rückkehr in die Stadt wird von den jungen Männern aus Traunstein der berühmte, kunstvolle Schwertertanz aufgeführt. Daß dieser schöne alte Brauch, der schon um 1492 schriftlich erwähnt wird, heute noch lebendig ist, ist dem Heimatforscher und Volkskundler Dr. Georg Schierghofer zu verdanken, der zu Beginn dieses Jahrhunderts das Interesse dafür wieder wachrief. Auch in Ruhpolding und einigen anderen Orten des Chiemgaues, wie beispielsweise seit 1924 in Engelsberg, finden Georgiritte statt.

Wie der Klobenstein bei Traunstein entstand

Einst lag ein Ritter, der seine Feste am Oberlauf der Traun hatte, in erbitterter Fehde mit einem Gegner, der ihn vernichten wollte. Eine Übermacht feindlicher Soldaten drang in sein Gebiet ein und zwang ihn zur Flucht aus seiner Burg. Auf seinem schnellsten Pferd sprengte er in wildem Galopp das Trauntal entlang und versuchte den Verfolgern, die es auf sein Leben abgesehen hatten, zu entkommen. Wohl hatte er einen Vorsprung gewonnen, aber er mußte das Tier, das die kräfteraubende Geschwindigkeit nicht lange aushielt, immer wieder rasten lassen. Er war schon einige Stunden unterwegs und bereits nördlich des Ortes Traunstein angelangt, als er plötzlich hinter sich in der Ferne das Hufgetrappel der Pferde seiner Feinde vernahm, die ihm bedrohlich nahe gekommen waren. Verzweifelt trieb er sein völlig erschöpftes Roß nochmals zur Eile an. Aber es war umsonst. Das arme Tier hatte keine Kraft mehr und brach unter ihm fast zusammen. Er befand sich gerade an einer Stelle, wo die Felsen am Ufer hoch und steil aufragten. Dort war von frommen Leuten in einer Nische ein Bildnis der Gottesmutter aufgestellt und mit Blumen geschmückt worden. Der gehetzte Mann sprang vom Pferd, warf sich vor dem Bild auf die Erde und flehte:

»Heilige Mutter unseres Herrn Jesus Christus, steh' mir bei und rette mich aus dieser Todesgefahr!«

Als Erhörung seines Gebetes brach plötzlich über ihm ein riesiger Felsbrocken aus der Wand des Steilufers heraus, stürzte herab und zerbarst in zwei Stücke, die den erschrockenen Ritter, der unverletzt dazwischen kniete, vollständig verbargen. Das war Hilfe in letzter Minute gewesen, denn schon waren die Verfolger herangekommen. Lärmend galoppierten sie

an der Stelle, wo die Felsen den Flüchtenden ihren Blicken entzogen hatten, vorüber und bemerkten ihn nicht. Der Ritter war gerettet und konnte sich in Ruhe ein Versteck suchen, wo sie ihn auch bei ihrer Rückkehr nicht finden konnten.

Seit der Zeit haben viele Menschen vor dem Muttergottesbild am Klobenstein – wie der zerbrochene Fels nördlich von Traunstein fortan genannt wurde – gebetet und Hilfe gesucht.

Der Felsblock in der Traun

Im Südosten von Traunstein, nahe dem Steg, der von der Stadt nach Sparz verläuft, liegt mitten in der Traun ein gewaltiger Steinbrocken, auf dem ein Kreuz steht. Er stürzte einst aus der an dieser Stelle sehr steilen Uferfelswand hinab in den Fluß. Den Grund dafür erklärt die Sage so:

Zur Zeit des Spanischen Erbfolgekrieges eilte einmal ein französischer Diplomat von Paris nach Wien zu geheimen Verhandlungen, die, wie man munkelte, die Annektion Bayerns durch Österreich zum Gegenstand haben sollte. Der Gesandte fuhr in seiner Karosse am Traunufer entlang, als von der nahen Salinenkirche zu Traunstein die Glocken zur Wandlung läuteten. Der Kutscher, ein frommer Bayer, hielt – wie es damals üblich war – an und wollte absteigen um ein Gebet zu sprechen.

»Eh, was macht Er da, je n'ai pas de temps!« trieb der Gesandte ihn zur Eile an.

»Ich will Gott die Ehre geben, wie es sich gehört«, antwortete der Kutscher halsstarrig. »Es läutet zur Wandlung, edler Herr!«

»Nichts da, Faulpelz, weiterfahren!« schrie der Franzose und stieß wüste Beschimpfungen gegen die Kirche im allgemeinen und die hl. Messe im besonderen aus.

Im gleichen Augenblick konnte man oben vom Steilufer her ein unheimlich drohendes Knacken vernehmen. Erschrocken blickten die Männer hinauf und sahen, wie sich langsam ein riesiger Felsbrocken löste und zusammen mit einer Lawine von kleinen Steinen herabstürzte. Der Kutscher sprang vom Bock und konnte sich gerade noch in Sicherheit bringen, der Wagen mit dem Gesandten aber wurde mit in die Traun hinunter gerissen.

Wie der Brot-Irgl die Franzosen besiegte

Vor zweihundert Jahren lebte in Anger, nahe Teisendorf, ein Bauer, der Brot-Irgl genannt wurde. Von ihm heißt es, er habe übernatürliche Kräfte besessen; manche Leute bezeichneten ihn sogar als Zauberer. Eine seltsame Geschichte, die sich zur Zeit des zweiten Koalitionskrieges (1799 – 1801) zugetragen haben soll, wird uns über ihn berichtet:

Damals kamen die Truppen Napoleons, als sie die besiegten Österreicher verfolgten, auch nach Anger. Wohl zog der Großteil von ihnen weiter, aber acht Soldaten, die es auf das Plündern abgesehen hatten, verschanzten sich im Hof des Führmannbauern auf dem Irlberg. Da versammelten sich etwa hundert Bauern aus der Umgebung und beschlossen, die Franzosen zu verjagen. Sie packten Dreschflegel, Sensen und Beile und stiegen den Berg hinauf. Die Soldaten lachten nur, als sie die Bauern herankommen sahen, luden ihre Gewehre und stellten sich kampfbereit in einer Reihe auf. Die bekamen vor den Schußwaffen Angst und wären am liebsten umgekehrt, aber der Brot-Irgl, der auch dabei war, rief den Franzosen zu: »Wartet nur, bis ich komm', da wird euch's Lachen vergehn. Ich werd' euch s'Feuer aus den Gewehren nehmen, wartet's nur!« Die Soldaten kümmerten sich nicht um ihn, warteten gelassen, bis die Angreifer auf Schußnähe herangekommen waren und zogen dann kaltblütig die Hähne an ihren Waffen. Zu ihrer Verblüffung aber ging, wie der Brot-Irgl angekündigt hatte, kein einziges Gewehr los. Nun ergriff panische Angst die Franzosen und sie versuchten, der heranziehenden Übermacht durch eine Flucht in die Wälder zu entkommen. Es gelang jedoch nur einem von ihnen, die anderen wurden von den Bauern gefangen genommen und nach Salzburg gebracht, wo sie nach Kriegsrecht den Tod am Galgen sterben mußten.

Die Gründung von Maria Eck

Auf dem Scharamberg, einem Vorberg des Hochfelln, steht in herrlicher Lage, mit einem weiten Rundblick über den Chiemgau, die Wallfahrtskirche Maria Eck. Das Waldgebiet dort wurde bei Beginn des dreißigjährigen Krieges von Sigismund Dullinger, dem Abt des Klosters Seeon erworben. Seeon brauchte dringend Weideland, weil es ringsum hauptsächlich von Seen, Mooren und Sumpfwiesen umgeben war. Die Almwirtschaft auf dem Scharamberg betreute von da an ein Pater. Über die Entstehung der Wallfahrt wird folgende Legende erzählt:

In den schweren Zeiten des dreißigjährigen Krieges, wo feindliche Soldaten und schwere Seuchen wie Pest und Cholera Leid und Elend über die Bevölkerung brachten, flüchteten viele Bauern aus dem Chiemgau in die Berge und verbargen sich dort vor den Schweden. So auch am Hochfelln. Eines Abends — es war vor einem Fest zu Ehren der Gottesmutter — berichteten ein paar Männer, die als Holzfäller arbeiteten, ganz aufgeregt, sie hätten über den Wäldern beim Vorderegg drei herrliche, strahlende Lichter gesehen, deren Herkunft sie sich nicht erklären könnten. Die Bauern berieten sich mit dem Pater über die Bedeutung dieses Geschehens und beschlossen, einen Altar auf dem Berg zu errichten. Und so geschah es. Nicht viel später, und wieder vor einem hohen Marienfest, erschienen die strahlenden Lichter den Holzfällern abermals, diesmal jedoch nur zwei. Da stellten die Leute noch einen Altar auf und, nachdem vor dem folgenden Marienfest nochmals eine einzelne wundersame Lichterscheinung zu beobachten war, noch einen dritten Altar zum Lobpreis der Heiligsten Dreifaltigkeit. Soweit die Legende.

Nicht lange danach baute man eine Kapelle über die Altäre. Noch bevor sie fertiggestellt war, fand schon die erste Gebetserhörung dieses Gnadenortes statt. Eine Bäuerin aus der Umgebung, die bei der Gbeurt ihres Kindes fast starb, machte in ihrer Not das Gelübde, sie werde einen Stein für das Fundament des Gotteshauses mit ihrem Mund den Berg hinauftragen, wenn sie die Niederkunft überlebe. Zum Erstaunen aller gebar sie daraufhin ihr Kind ohne weitere Schwierigkeiten und war auch selbst bald wieder bei Kräften. Und sie erfüllte getreulich ihr Versprechen. Das war im Jahre 1626. Die Kapelle wurde 1627 geweiht. Als Gnadenbild stellte man darin eine Nachbildung des berühmten Gemäldes von der Mondsichelmadonna »Salus populi Romani« in Santa Maria Maggiore in Rom auf. Von jener Zeit an war dieser Ort, der künftig Maria

Egg (»Egg« bedeutet soviel wie Vorberg) und später dann Maria Eck genannt wurde, das Ziel zahlloser Wallfahrer aus dem weiten Umkreis. Der eigentliche Kirchenbau wurde in den Jahren 1635 – 1642 ausgeführt. Seit dem Jahr 1626 wurde ein Mirakelbuch geführt, in dem die wundersamen Heilungen oder Gebetserhörungen aufgeschrieben wurden, insgesamt etwa 1300. Ein aus Wachs nachgebildetes Kind, das im Jahre 1631 Maria Leitnerin als Dank für Hilfe bei einer schweren Geburt gestiftet hatte, war bis zur Säkularisation 1803 in der Kirche zu sehen. Bemerkenswert ist auch eine notarielle Bestätigung, in welcher der 50jährige Simon Lahr erklärt, daß er, der stumm geboren worden sei, auf die Fürbitte Mariens hin, zur höchsten Verwunderung von Verwandten, Bekannten und Freunden, die ihn ihr Leben lang gekannt hatten und seine Stummheit bezeugen konnten, plötzlich geheilt wurde und künftig sprechen konnte.

Die Chiemgauer liebten ihre Wallfahrtskirche Maria Eck so sehr, daß sie es in der Säkularisation nicht zuließen, daß sie abgebrochen wurde. Holzarbeiter verhinderten die befohlene Zerstörung des Kirchengewölbes, und trotz Verbotes kamen ständig Wallfahrer und beteten vor dem versperrten Gotteshaus. Als die Obrigkeit den geplanten Abbruch der Kirche mit den schlechten Wegverhältnissen dorthin zu begründen suchte, taten sich die Bewohner aus 32 Gemeinden des Chiemgaues zusammen und bauten miteinander innerhalb von zwölf Tagen eine Straße von Siegsdorf bis nach Maria Eck. Auf einem Votivbild in der Kirche ist diese Begebenheit von 1826 dargestellt.

»In Maria Eck ist das Wesen des unverwüstlichen, naturgebundenen, künstlerisch begabten und religiösen bayrischen Volksstammes sichtbar und bleibend zum Ausdruck gebracht« schreibt Dr. Hugo Schnell in dem Kirchenführer von Maria Eck von 1934, und treffender kann man den Ort kaum beschreiben.

Der heilkräftige Stein am Scharamberg

Zur Zeit der Säkularisation wurde das Gnadenbild aus der Wallfahrtskirche Maria Eck — gegen die Willen der Bevölkerung — in die Siegsdorfer Kirche gebracht. Von dort verschwand es eines Tages auf geheimnisvolle Weise. (1813 wurde es auf Grund zahlreicher Bittschriften nach Maria Eck zurückgegeben). Der Legende nach machte die Muttergottes sich damals selbst auf den Rückweg nach Maria Eck. Unterwegs rastete sie auf einem Stein bei einem Heiligenhäuschen am Scharamberg und weinte so bitterlich über ihre gewaltsame Vertreibung, daß der Stein vor lauter Rührung ganz weich wurde und sich dort, wo Maria saß, eine bequeme Mulde bildete.

Seit der Zeit soll jeder, der an Kreuzschmerzen leidet und sich eine Weile auf diesen Stein setzt, von dem Übel befreit werden. Alle Wallfahrer aber, die auf ihrem langen und oft mühevollen Weg bis nach Maria Eck auf dem Stein eine kurze Erholungspause suchen, lassen die Hälfte ihrer Müdigkeit zurück, wenn sie wieder aufstehen, und können neu gestärkt das letzte Stück bis zur Kirche gehen.

Einer anderen Legende nach soll die Muttergottes auf der Flucht nach Ägypten auf diesem Stein am Scharamberg ausgerastet haben.

Die Maria Ecker Pfennige

Auf ihrem Weg nach Maria Eck hinauf fanden Wallfahrer häufig, besonders im Höllgraben bei Adelholzen, Versteinerungen kleiner Urticre, wie Schnecken oder Muscheln, deren Gehäuse feingezeichnete Muster aus Spiralen oder Strahlen hatten. »Maria Ecker Pfenige« nannte man nach der Säkularisation diese Steinstückchen. Der Legende nach soll nämlich, als das Gnadenbild zu jener Zeit gewaltsam aus Maria Eck entfernt wurde, ein Teil des Scharamberges aus Kummer über diesen Frevel in Tausende von solch kleinen Steinchen zerborsten sein, die seither viele Wallfahrer als Andenken mitnehmen.

Die Bergmännlein im Kienberg

In uralten Zeiten hausten im Kienberg bei Ruhpolding Bergmännlein. Damals gab es einmal einen sehr strengen Winter. Einige Bauern aus der Umgebung von Ruhpolding wollten vom Kienberg noch Holz holen, um genug Vorrat zum Heizen zu haben. Plötzlich sah einer von ihnen neben einem Baumstamm ein kleines Männlein. Es war nicht einmal so groß wie ein vierjähriges Kind, hatte aber einen schlohweißen Bart, wirres, schlohweißes Haar und ein greisenhaftes Gesicht voller Runzeln, als hätte es schon Hunderte von Lebensjahren auf dem Buckel. Es zitterte vor Kälte und klapperte laut mit den Zähnen, denn es trug nur ein dünnes Gewand.

»Ein Zwerg, wahrhaftig, ich habe einen Zwerg gefunden!« rief der Bauer erstaunt, und sogleich kamen auch die anderen herbei. »Der arme Wicht friert sich ja zu Tode«, meinte einer mitleidig, als er das schlotternde Männlein erblickte. Er nickte ihm freundlich zu und holte aus seinem Rucksack ein Stückchen alten Loden hervor, das er immer als Unterlage zum Sitzen benutzte. Er schnitt mit seinem Messer in der Mitte ein Loch hinein, groß genug, daß der Kleine seinen Kopf durchstecken konnte, und hängte es ihm als Mantel um. Das Bergmännlein freute sich ganz außerordentlich über das unerwartete Geschenk und sprach zu den Bauern:

»Ihr seid gut zu mir gewesen, darum will ich euch auch helfen. Kommt mit mir!« Es führte die erstaunten Männer zu einer Stelle im Gebirge, wo sich ergiebige Bleiadern im Gestein befanden. »Wenn ihr das Metall fleißig abbaut, werdet ihr bald reich sein!« erklärte es ihnen und fuhr fort: »Bitte schenkt auch den anderen Leuten meines Volkes so warme Umhänge, daß sie nicht mehr frieren müssen. Dann zeigen wir euch noch mehr von den Schätzen in den Bergen.«

Die hocherfreuten Bauern versprachen, ihm diesen Wunsch zu erfüllen und am nächsten Tag zur gleichen Stunde die Kleider zu bringen. Sie liefen nach Hause und erzählten ihren Frauen, was sich zugetragen hatte. Die Bäuerinnen ließen sich nicht lange bitten, setzten sich in einer gemütlichen Stube zusammen und fertigten eine große Anzahl von warmen Lodenkotzen für die Zwerge an. Am nächsten Tag trugen die Bauern die Kleidungsstücke zu den Bergmännlein, die ihnen dafür an verschiedenen Stellen im Gebirge reiche Bleivorkommen zeigten. Sie machten miteinander ab, daß sie es in Zukunft jedes Jahr so halten wollten.

Nun hatte die Not der armen Bauern ein Ende. Jedes Jahr im Winter brachten sie von da an den Zwergen warme Kleidung, und diese führten sie aus Dankbarkeit zu immer neuen Bleilagern. Mit der Zeit wurden die Bauern sehr reich und konnten sich alles leisten, was sie nur haben wollten. Aber, wie so oft, kamen mit dem Reichtum auch Hartherzigkeit und Geiz.

»Was brauchen die Bergmännlein jedes Jahr neue Wintermäntel«, murrte eines Tages eine der Bäuerinnen, »sie könnten gut noch die Sachen vom vorigen Jahr auch in diesem Winter tragen!« »Genau«, gab ihr der reichste Bauer recht, »wir können uns die Ausgaben für den Stoff sparen, und ihr Frauen braucht euch bei der Näherei solch kleiner Sachen nicht mehr die Finger zu zerstechen.«

»Die Bleigruben finden wir auch allein«, erklärte ein anderer Bauer großspurig, als jemand den Einwand machte, die Zwerge würden ihnen dann keine Stellen mehr zeigen, wo Blei zu holen sei.

Man kam überein, sich Arbeit und Material für die Mäntelchen künftig zu sparen. So geschah es, daß die Bergmännlein im folgenden Winter umsonst auf die Bauern warteten. Enttäuscht zogen sie sich in den Berg zurück und wurden von Stund an nie mehr gesehen. Anfangs kümmerte das die Bauern nicht, denn noch war genug Metall in den ihnen bekannten Gruben zu finden. Bald aber versiegten diese Quellen ihres Reichtums, und entgegen ihren Erwartungen, waren sie nicht in der Lage, selbst neue Bleilager zu entdecken. Es dauerte nicht lange, da waren die Bauern wieder so arm wie ehedem. Nun bereuten sie zwar ihren Geiz, aber die Reue kam zu spät.

Die Quelle des hl. Primus in Bad Adelholzen

Bad Adelholzen, einer der ältesten Badeorte Bayerns, soll seine Entstehung dem hl. Primus verdanken. Dieser war ein römischer Bürger aus vornehmen Haus und starb, zusammen mit seinem Bruder Felicianus, während der grausamen Christenverfolgung im Jahre 286 unter Kaiser Diokletian, den Märtyrertod.

Der Legende nach entdeckte der hl. Primus als erster die heilkräftige Quelle zwischen Bergen und Siegsdorf, die später, auch im Mittelalter, große Berühmtheit wegen ihrer heilsamen Wirkung bei Krankheiten der inneren Organe erlangte.

Der Schatz im Engelstein

Von dem kleinen Ort Pattenberg, südwestlich von Bergen, oder von Kohlstadt aus kommt man auf einer Forststraße in einer halben Stunde zum Fuß eines Felsens, der »Engelstein« heißt. In den Höhlen, die sich darin befinden, soll – der Sage nach – ein ungeheurer Schatz verborgen liegen. Wie erzählt wird, befindet er sich in einer schweren Kiste aus Eisen. Diese wird von einer Schlange bewacht. Sie liegt, mit dem Schlüssel im Maul, auf dem Deckel der Schatztruhe. Zusätzlich wird der Schatz noch von einem riesigen schwarzen Hund gehütet, der vor dem Eingang zur Höhle sitzt und niemanden hereinläßt.

Die wilden Frauen bei Bergen

Bei Bergen nahe dem Chiemsee sollen einst »wilde Frauen« gelebt haben. Der Sagenforscher Friedrich Panzer berichtete darüber im vorigen Jahrhundert in seinem Buch »Bayerische Sagen und Bräuche«:

»Engelstein heißt ein schöner Felsen mit zwei Spitzen, von welchem vor vier Jahren eine abgebrochen ist. In diesem Felsen sind tiefe Höhlen. Den Eingang in dieselben bildet eine tiefe, abwärts gehende Höhle, welche man das Höhlloch heißt. Einige Stufen waren noch sichtbar. Ein Raum, sieben Fuß lang, fünf Fuß breit und ziemlich hoch, heißt die Kirche. Nahe bei dieser ist die Küche (?) mit dem Herdstein. In diesen Höhlen, weiß die Sage, wohnten vor undenklichen Zeiten drei Fräulein, welche die wilden Frauen genannt wurden. Von einer Felsenspitze zur anderen spannten die wilden Frauen ein Seil, auf welchem sie spielten und tanzten. Das sahen alte Leute sehr oft. Eine der wilden Frauen liebte den Gieselbauer auf dem Battenberge, welcher einen Gürtel hatte. Die wilde Frau sagte ihm, er soll seiner Frau den Gürtel umbinden. Da aber der Bauer Unheil ahnte, so band er den Gürtel zuvor um einen Baum, welcher von demselben sogleich zerrissen wurde. Eine der wilden Frauen verstand die Heilung der Kranken. Bisweilen hörte man aus der Tiefe schönen Gesang. Wenn die Bauern mit der Heuernte beschäftigt waren, hörten sie einen Hahn aus der Tiefe krähen, und sie glaubten, es sei eine Hühnersteige in den Höhlen.«

Ähnliche Geschichten von sogenannten wilden Frauen gibt es auch von anderen Orten der näheren Umgebung, beispielsweise von Niederheinig am Hochufer der Salzach oder vom Hirschbichl bei Berchtesgaden.

Frau Engela vom Engelstein

Einer anderen Überlieferung zufolge soll auf dem Engelstein bei Bergen einst eine adelige Frau mit Namen Engela ihr Schloß gehabt haben. Sie lockte alle Männer ringsum, gleich welchen Alters oder Standes, in ihren Bann. Noch lange Zeit nach ihrem Tod, das Schloß war inzwischen schon ganz verfallen, konnte sie in ihrem Grab keine Ruhe finden. Immer wieder wandelte sie bei der Ruine umher, auf der Suche nach neuen Opfern unter der Männerwelt, die ihrer Schönheit verfallen sollten. Eines Tages erschien sie einem jungen Bauern, der gerade seine Wiesen mähte, in besonders lieblicher Gestalt und wollte ihn verführen. Sie hatte aber kein Glück, denn dieser besaß eine Frau, der er sehr zugetan war und der er nicht untreu werden wollte. Engela ließ sich ihren tiefen Zorn über die Zurückweisung nicht anmerken und tat so, als habe sie den jungen Mann nur auf die Probe stellen wollen. Angeblich als Belohnung für seine Standhaftigkeit überreichte sie ihm einen kostbaren Gürtel. »Schenke ihn deiner Frau als Zeichen deiner Liebe«, sagte sie dabei zuckersüß. »Sie wird sich gewiß darüber freuen!« Dann bat sie ihn, am nächsten Tag wieder herzukommen, denn dann wolle sie ihm etwas für seine Kinder geben, was sie leider gerade nicht bei sich habe.

Verwundert über das seltsame Erlebnis nahm der Bauer den Gürtel und ging nach Hause. Frau Engela aber blieb an Ort und Stelle stehen und starrte ihm mit brennenden Augen nach, bis sie ihn nicht mehr sehen konnte.

Unterwegs kamen dem jungen Mann Zweifel, ob er das Geschenk hätte annehmen sollen, denn er fühlte innerlich ein merkwürdiges Mißtrauen gegenüber den so überaus freundlichen Worten der Fremden. Kurzentschlossen band er den Gürtel um einen Baum, an dem er gerade vorüberkam. Zu seinem namenlosen Entsetzen wurde dieser von dem tückischen Band auf der Stelle zerrissen.

»Dem Himmel sei Dank, daß ich ihn nicht meiner Anna gegeben habe!« stammelte der Bauer, und noch nachträglich faßte ihn tiefes Grauen darüber, welch furchtbares Schicksal seiner geliebten Frau zugedacht gewesen war. So schnell er konnte, eilte er heim. Und er hütete sich in Zukunft, der Stelle im Gebirge wieder nahezukommen, an der er die geheimnisvolle und schöne, aber so abgrundböse Fremde getroffen hatte.

Engela aber hatte sich inzwischen noch nicht von ihrem Platz gerührt. Sie hoffte verzweifelt auf die Rückkehr des Bauern. Sie stand und wartete und hielt unverwandt nach ihm Ausschau, Stunden, Tage, Wochen, so lange, bis sie immer steifer und starrer und am Ende ganz zu Stein geworden war. Seither steht sie als schroffer Felsen dort oben im Gebirge und blickt noch immer weit ins Land hinaus.

Die Gründung der Burg Marquartstein

Am Fuße des Hochgernmassives, auf einem Hügel über dem Achental, erhebt sich die stolze Feste Marquartstein. Über die Gründung dieser Burg vor mehr als 900 Jahren – wahrscheinlich um 1075 nach Christus – erzählt man sich folgende düstere Sage:

Ritter Marquart II. von Hohenstein, ein mächtiger Mann seiner Zeit, der stolz war auf die Verwandschaft seines Geschlechtes mit dem der Karolinger, residierte meist auf seiner Burg Hohenstein bei Staudach-Egerndach. Er hatte einen

Sohn, der – wie er selbst – Marquart hieß. Der junge Mann aber machte seinem Vater keine Ehre. Schon als Kind war er ein rechter Tunichtgut gewesen, und je älter er wurde, desto schlimmer wurde es mit ihm. Sein adeliger Stand und die zur damaligen Zeit damit verbundene Herrschaft über niedriger Geborene war ihm zu Kopf gestiegen. Er hielt nur sich selbst für wichtig, das Wohlergehen seiner Mitmenschen war ihm nicht nur gleichgültig, es machte ihm im Gegenteil sogar Vergnügen, sie zu quälen, zu erniedrigen und seine Macht spüren zu lassen wo er nur konnte. Alle Bediensteten der Burg zitterten vor ihm und seinen Launen, denn er war jähzornig, gewalttätig und bösartig.

Manchmal, wenn er mit gleichgesinnten Kumpanen die halbe Nacht gezecht hatte, lachte er plötzlich teuflisch auf und rief:

»Auf Freunde, laßt uns auf die Jagd gehen!«

Dann brach jedesmal ein großer Tumult los, die Männer packten ihre Waffen, schwangen sich auf ihre Pferde und durchstreiften die ausgedehnten Wälder im Chiemgau. Aber sie machten nicht etwa nur Jagd auf Wild, sondern mit Vorliebe auch auf Menschen. Besonders im Achental überfielen sie einsam gelegene Gehöfte, in denen die Leibeigenen des Hohensteiners hausten. Dort drangsalierte der junge Marquart die Bauern und ihre Familien zu seinem und seiner gewissenlosen Gefährten Ergötzen. Er lud auch manchen Mord auf sein Gewissen, sei es aus Jähzorn, wenn sich einer der Gepeinigten zur Wehr setzte, sei es aus purer Grausamkeit und der Lust am Töten. Wohl kamen einige Untaten seinem Vater zu Ohren, doch wenn dieser seinen Sohn zur Rede stellte, antwortete der junge Ritter hochmütig:

»Herr Vater, das elende Bauernpack wollte sich gegen Eure Herrschaft auflehnen! Ich mußte es züchtigen, um den Frieden im Land zu wahren. Was kümmert uns schon ein Bauer weni-

ger, wir haben doch genug von der Sorte!«

Und er rächte sich grausam an jenen, von denen er glaubte, daß sie ihn bei seinem Vater verraten hätten. Bald wagte niemand mehr gegen ihn vorzugehen, und überall im Land war er verhaßt und gefürchtet.

Eines Tages war der junge Ritter alleine auf der Jagd. Er ritt gerade durch die Wälder am Schnappenberg, als ihn ein dumpfes, unheimlich drohendes Grollen, das tief aus dem Innern der Erde zu kommen schien, erschreckt sein Pferd zügeln ließ. Noch nie hatte er etwas Ähnliches im Gebirge vernommen, obwohl er sich dort oft aufhielt. Als plötzlich der Boden zu zittern begann und das unheimliche Grollen aus der Erde immer lauter wurde, erfaßte ihn ein nie gekanntes Grauen. Er riß sein Pferd herum und versuchte, dem Ort des Schreckens zu entrinnen.

Aber es war zu spät. Mit einem Mal war es, als erwache der ganze Berg zu gespenstischem Leben. Es schien, als hätten die Bäume Füße bekommen und als liefen sie immer schneller auf einen Abgrund zu, der sich plötzlich wie ein riesiges, alles verschlingendes Maul aufgetan hatte, um dann übereinanderstürzend hineinzufallen. Steine und Felsbrocken kollerten in einem wilden Tanz den Berg herab, um daraufhin in der gähnenden Tiefe zu verschwinden. Mit wachsendem Entsetzen bemerkte der Ritter, wie der Boden unter den Hufen seines Pferdes ebenfalls ins Rutschen kam. Er hackte wütend mit den Sporen auf das arme Tier ein um es zu einem Sprung auf festen Grund zu zwingen, aber es gelang ihm nicht mehr. Mit unwiderstehlicher Gewalt wurde auch er hinabgerissen. Sein letzter, verzweifelter Hilfeschrei verklang ungehört im tosenden Donnern der auf ihn niederprasselnden Baumstämme, Felsenstücke und Erdbrocken.

Als sich die Mächte der Natur endlich wieder beruhigt hatten und sich auch die ungeheure Staubwolke, die das grausige

Geschehen begleitet hatte, gelegt hatte, war von dem lebendigen Ritter nichts mehr zu sehen. Statt seiner ragte ein schroffer Felsen an der Stelle, wo sich das Unglück ereignet hatte, in die Höhe. Deutlich konnte man den in Stein verwandelten Marquart darin erkennen. Wie es heißt, ereilte ihn diese fürchterliche Strafe wegen der Untaten, die er in seinem Erdenleben begangen hatte. Bis zum Jüngsten Tag muß er als Mahnung für alle, die wie er das Leben ihrer Mitmenschen gering achten, dort in luftiger Höhe ausharren.

Marquart II. von Hohenstein aber ließ zur Erinnerung an dieses Gottesurteil, das an seinem Sohn vollzogen worden war, bei dem Felsen eine Burg erbauen, die von da an den Namen »Marquartstein« trug.

Noch heute kann man den versteinerten Ritter in den Felswänden des Schnappen entdecken. Wer von Marquartstein Richtung Staudach unterwegs ist, sieht klar den nach rechts gedrehten, dem Chiemsee zugewandten Kopf des Unglücklichen. Auch seine Arme und der mit der Ritterrüstung bekleidete Oberkörper sind deutlich zu erkennen.

Der Geisterwagen der Gräfin Adelheid

Jahrelang lagen die beiden Grafen Marquart II. von Hohenstein ob Staudach und Cuno von Mögling – Frontenhausen, deren Herrschaftsbereiche aneinandergrenzten, in erbitterter Fehde miteinander. Da geschah es, daß Herr Marquart, der zu seiner Zeit als rechter Frauenheld galt, der sehr jungen und bildschönen Tochter Cunos, Adelheid mit Namen, begegnete. Die beiden verliebten sich ineinander und heirateten, nachdem der Graf das Mädchen mit dessen Einverständnis aus der elterlichen Burg nach Marquartstein entführt hatte, im Jahre 1095 ohne den Segen der Brauteltern.

Voller Zorn enterbte Graf Cuno seine ungehorsame Tochter, die er mit dem Bayernherzog hatte vermählen wollen und die nun gegen seinen Willen seinen Feind geehelicht hatte. Zudem war Marquart wesentlich älter als Adelheid und hatte nicht den besten Ruf, was Frauen anbelangte. Sein keineswegs makelloses Vorleben besiegelte denn auch seinen Untergang. Nur zwei Monate nach der Hochzeit lauerten ihm die Söhne einer Edelfrau, die seine Geliebte gewesen war und die er wegen Adelheid verlassen hatte, im Wald auf, schossen ihn mit Pfeilen nieder und stürzten den Schwerverletzten anschließend einen Felsen hinab, um seines Todes sicher zu sein.

Gräfin Adelheid – in Sorge wegen des langen Ausbleibens ihres Gatten – ließ ihn von den Gefolgsleuten suchen. Diese fanden ihn noch lebend und brachten ihn heim nach Marquartstein. Bevor er starb vermachte er sein ganzes Vermögen seiner jungen Frau, die ja – wegen der Heirat mit ihm – von ihren Eltern nichts mehr zu erwarten hatte. Zusätzlich bestimmte er, daß sie mit einem Teil des Geldes zur Sühne für seine Sünden ein Kloster zu Ehren der hl. Margareta stiften solle, möglicherweise durch einen Umbau seines Schlosses bei Baumburg oder durch Neubau an einem anderen geeigneten Ort seiner Grafschaft. Nachdem er so seine Hinterlassenschaft geregelt hatte, schloß er die Augen für immer.

Adelheid, erbittert über den Tod ihres Mannes, verdächtigte die Verwandten auf Hohenstein, ihre Hände bei dem Mord im Spiel gehabt zu haben. Sie brach jegliche Beziehung zu ihnen ab. Sie ging sogar so weit, auch ihren Gefolgsleuten, dem Gesinde und den Leibeigenen jeden Verkehr mit den Bewohnern von Hohenstein zu untersagen. Und sie ließ die Brücke zerstören, die bis dahin die beiden benachbarten Burgen verbunden hatte.

Der Sage nach ist es seither an der Stelle, wo sich die Brücke einst befunden hat, nicht mehr geheuer. An bestimmten Tagen kann man dort das Stampfen und Schnauben von Pferden vernehmen und ein Rollen, wie es von Wagenrädern, die über Holzbohlen einer Brücke laufen, verursacht wird. Manchmal kann man sogar einen flüchtigen Augenblick lang ein geisterhaftes Gefährt vorüberrasen sehen, von der Art, wie sie zur Zeit des Grafen Marquart verwendet wurden. Wie die Leute behaupten, handelt es sich dabei um Wagen und Troß der Gräfin Adelheid.

Die Kapelle auf dem Schnappen

Nahe dem Ort Egerndach steht auf dem Schnappen, einem Vorberg des Hochgern, in 1100 Meter Höhe eine Kapelle aus der Zeit des dreißigjährigen Krieges. Davor gab es dort ein kleines Kirchlein aus Holz, das – der Legende nach – die Gräfin Adelheid von Mögling errichten hatte lassen, weil genau an dieser Stelle ihr Gemahl, Marquart II. von Hohenstein im Jahre 1095 ermordet worden sein soll.

Über den genauen Ursprung des Holzkirchleins aber weiß man nichts. Die Kapelle aus Stein, die heute steht und dem hl. Wolfgang geweiht ist, wurde erst 1637 errichtet.

In diesem Gotteshaus suchte einmal während eines fürchterlichen Unwetters ein Hirsch Schutz. Der Sturm schlug jedoch hinter ihm die Türe zu, so daß er nicht mehr herauskonnte. Viele Tage lang war das arme Tier in dem selten besuchten Gotteshaus gefangen und mußte hungern und dürsten. Wie es heißt, fraß es in seiner Not zuletzt am Glockenseil und setzte dadurch die Glocke in Bewegung. Verwundert über dieses merkwürdige Läuten, das bald voll und laut klang, bald wieder aussetzte oder nur ganz schwach ertönte, und das zu einer Zeit, wo sonst nie geläutet wurde, eilten Jäger, die sich in der Nähe befanden, herbei, um nach der Ursache zu forschen. Sie fanden das schon völlig entkräftete Tier in der Kapelle, gaben ihm voller Mitleid zu fressen und ließen es frei.

Noch oft, so wird berichtet, ließ sich von da an der gerettete Hirsch bei der Schnappenkapelle sehen.

Der unglückliche Graf von Hohenstein

Graf Otto Walch von Praunschwaig, der letzte Burgherr von Hohenstein − einer heute verfallenen Feste, von der nur noch einige Mauerreste auf dem Schloßberg bei Staudach vorhanden sind − besaß um die Mitte des 13. Jahrhunderts reiche Ländereien am Chiemsee. Er hatte einen einzigen Bruder, den er aber lange nicht gesehen hatte, weil dieser nach einem Kreuzzug ins Heilige Land bei der Rückkehr in Italien ein Edelfräulein geheiratet hatte, dort geblieben war und nichts mehr von sich hatte hören lassen.

Graf Otto freute sich daher sehr, als eines Tages ein Bote seines Bruders auf Hohenstein erschien und einen Brief von ihm brachte. Darin bat dieser den Älteren, ihm doch für einige Zeit seinen Sohn nach Italien zu schicken. Er selbst habe keinen männlichen Nachfolger und wolle seinen Neffen in allen ritterlichen Künsten, die im Welschland gepflegt würden, unterrichten.

Der Burgherr von Hohenstein zögerte, diesem Wunsch gleich zuzustimmen, denn der junge Wolfgang war sein einziger Sohn und Namenserbe. Aber er wollte seinem Bruder die Bitte dann doch nicht abschlagen, vor allem auch, weil der junge Graf, als er von der Einladung hörte, voller Abenteuerlust und Tatendrang lieber heute als morgen nach Italien aufgebrochen wäre. So ließ Otto Walch von Praunschwaig ihn denn schweren Herzens ziehen, nahm ihm aber das Versprechen ab, daß er, wie gut es ihm auch immer in dem fremden Land gefallen sollte, spätestens nach einem Jahr zurückkehren würde. Er selbst sei bereits ein alter Mann und wolle bald die Verantwortung für den großen Besitz auf seinen Sohn übertragen. Wolfgang erklärte sich bereit, diesen Wunsch seines Vaters zu erfüllen, und ritt fröhlich gen Süden.

Aber er kam nie wieder. Kurz darauf brachte ein Bote aus dem Welschland ein merkwürdiges, geschnitztes Kästchen samt einem Brief vom Bruder des Grafen nach Hohenstein. In dem Kästchen waren die blanken Gebeine eines Menschen. Otto glaubte, sein Bruder habe ihm, um ihm eine Freude zu machen, die Reliquien des hl. Otto, seines Namenspatrons, gesandt und erbrach das Siegel des Briefes.

Darin teilte ihm sein Bruder jedoch in höhnischen Worten mit, daß es sich bei den Gebeinen um die Überreste des jungen Wolfgang handle. Dieser sei ihm seit seiner Geburt ein Dorn im Auge gewesen, denn er habe zwischen ihm und dem Besitz von Burg Hohenstein und dem damit verbundenen Grafentitel gestanden. Darum habe er ihn nach Italien gelockt, dort durch gedungene Mörder umbringen und den Leichnam in kochendes Öl werfen lassen. Die blanken Gebeine des Ermordeten sende er hiermit zum Beweis für dessen Tod. Weiter hoffe er, daß diese Nachricht das Leben Ottos verkürzen werde, denn er wolle nicht mehr zu lange auf den Besitz der schönen Burg im Achental warten müssen und freue sich schon auf den Tag, an dem er endlich sein Erbe antreten könne.

Als der unglückliche Vater den Brief gelesen hatte, stürzte

er vom Schlag getroffen wie tot zu Boden. Er lebte zwar noch, doch war er gelähmt. Man legte ihn auf sein Bett und holte rasch einen Arzt herbei. Aber auch dieser konnte ihm nicht mehr viel helfen, brachte es aber soweit, daß der Graf wenigstens die Besinnung wiedererlangte und sprechen konnte. Da ließ er seine Tochter Kunigunde, die ihm als einzige verblieben war, einige Ritter, die er zu seinen Freunden zählte, und einen Priester rufen. Als alle versammelt waren, tat er ihnen seinen letzten Willen kund.

»Ihr, die ihr hier anwesend seid«, sprach er mit schwacher Stimme, »sollt meine Zeugen sein! Mein entmenschter Bruder soll nicht in den Genuß seiner ruchlosen Tat kommen und Erbe von Hohenstein werden. Ich befehle daher, daß nach meinem Tod, der nicht mehr lange auf sich warten lassen wird, die Burg bis auf die Grundmauern niedergebrannt wird.«

Nach einer kleinen Weile, in der er sich erholen mußte, verfügte er, was weiter mit seinem Besitz geschehen sollte. Seine Wertsachen, seine Juwelen und sein gesamtes Geld sollte seine Tochter Kunigunde erhalten und sich damit in den Schutz eines Klosters zurückziehen. Einen Teil seines Grundbesitzes übereignete er der Kirche. Seine übrige bewegliche Habe aber, die Möbel, die Kunigunde nicht ins Kloster mitnehmen konnte, die Pferde und den Wagenpark, das Vieh auf den Weiden und in den Ställen, das Getreide und die Vorräte in der Burg und vor allem ein großes, fruchtbares Weideland am Chiemsee, das »Schöneggart« genannt wurde, schenkte er seinen Leibeigenen und Bauern. Allen Anwesenden legte er nochmals eindringlich ans Herz, die Burg durch Feuer zu zerstören, daß von Hohenstein nur Asche, Staub und verkohlte Trümmer in den Besitz des Mörders gelangen würden.

Nachdem er so mit letzter Kraft sein Testament verkündet hatte, verlöschte sein ohnehin nur noch glimmender Lebensfunke. Zusammen mit den Gebeinen seines unglücklichen Sohnes wurde er in Egerndach beigesetzt.

Seit diesem Geschehen, das die Sage überliefert hat, gehört das fruchtbare Weideland mit dem Namen »Schöneggart« gemeinsam den umliegenden Dörfern. Aus Dankbarkeit für diese großzügige Schenkung sollen durch Jahrhunderte hindurch in den betreffenden Gemeinden hl. Messen für Graf Otto Walch von Praunschwaig gelesen und in seinem Namen Brotalmosen an die Armen ausgeteilt worden sein.

Das Gespenst der Gräfin Kunigunde bei Hohenstein

Nach dem Tode des Grafen Otto Walch von Praunschwaig konnte sich seine Tochter Kunigunde lange nicht entschließen, die Burg Hohenstein dem Wunsche ihres Vaters entsprechend niederbrennen zu lassen. Eine Hellseherin hatte ihr nämlich geweissagt, daß ihr Bruder Wolfgang gar nicht ermordet worden sei, wie sein Oheim behauptet hatte, sondern daß er in einem Turmverließ in Italien gefangen säße und verzweifelt auf seine Befreiung hoffe.

Wenn diese Aussage der Wahrheit entsprach und ihr Bruder noch am Leben war, so konnte sie ihn doch nicht seines Erbes berauben, indem sie sein Stammschloß zerstörte. Sollte sich andererseits die Hellseherin geirrt haben, so würde der Besitz an den verbrecherischen Onkel fallen, und das hatte ihr sterbender Vater mit allen Mitteln zu verhindern gesucht. Mehrere Nächte zermarterte sie sich den Kopf darüber, was sie tun sollte. Endlich faßte sie den Entschluß, die Hälfte der Schätze, die sie geerbt hatte, an einem sicheren Ort für ihren Bruder zu verwahren, so daß er genug für seinen Lebensunterhalt hätte, sollte er zurückkommen. Die Burg aber wollte sie – wie ihr Vater befohlen hatte, niederbrennen lassen. Nachdem sie alle Habe dem Willen des Verstorbenen gemäß verteilt hatte, und das Gebäude völlig ausgeräumt und von Mensch und Tier verlassen worden war, ließ sie Feuer daran legen.

Sodann ritt sie alleine mit der Hälfte der Schätze zum Drachenloch, einer versteckten Höhle, die etwa in halber Höhe des Schloßberges liegt, auf dem Burg Hohenstein gebaut war. Tief drinnen vergrub sie an einer unbekannten Stelle den Anteil ihres Bruders. Als sie wieder herauskam und sah, wie die stolze Burg, die ihr Leben lang ihre Heimat gewesen war und die sie liebte, ein Raub der Flammen wurde, erfüllte sie plötzlich ein so abgrundtiefer Haß auf den verbrecherischen Oheim, der nicht nur ihren Vater und ihren Bruder auf dem Gewissen hatte, sondern der auch ihre Zukunft vernichtet hatte, daß sich ihr Verstand verwirrte und sie nicht mehr wußte, was sie tat. »Nie kann ich das verzeihen!« schrie sie ganz außer sich. »Dem Teufel will ich meine Seele verschreiben, wenn er dafür Rache an dem Mörder nimmt!«

Kaum aber hatte sie diesen frevelhaften Spruch getan, da war der Satan auch schon zur Stelle und drehte ihr hohnlachend den Hals um. Ihre Leute, die nicht wußten wo sie war und die sie schon ängstlich suchten, fanden die arme Gräfin völlig entkleidet, mit blauschwarzem Gesicht am Eingang der Drachenhöhle. Bei Nacht und Nebel wurde sie von ihren Getreuen außen an der Friedhofsmauer der Kirche von Egerndach bestattet. Seit der Zeit aber war es bei der Ruine der Burg Hohenstein nicht mehr geheuer. Immer wieder sah man den Geist der unglückseligen Gräfin dort umherirren.

Die Bauern hatten großes Mitleid mit Kunigunde, denn sie hatten von der Familie des Grafen nur Gutes erfahren, und sie versuchten der armen Seele zu helfen, indem sie hl. Messen für sie lesen ließen. Dem Spruch einer Wahrsagerin zufolge sollte sie auch erlöst werden können, wenn sich eine Jungfrau fände, älter als die 18jährige Gräfin, die rein an Leib und Seele sei und sich nicht fürchte, um Mitternacht zur Drachenhöhle zu gehen und dort völlig entkleidet und mit offenen Haaren für das ewige Heil der Unglücklichen zu beten. Dies könne aber nur an einem Tag geschehen, wenn Sonnwend und Vollmond zusammenfielen.

Mehrmals im Lauf der Zeit versuchten Mädchen, die glaubten, die Bedingungen erfüllen zu können, das Erlösungswerk an der Drachenhöhle. Die erste wurde ebenso erwürgt wie die Gräfin Kunigunde selbst, die zweite – mehr als hundert Jahre später – wurde nie mehr gesehen, man fand nur ihre Kleider vor der Höhle, die dritte, die sich im vorigen Jahrhundert zu dem Teufelsloch wagte, wurde bei ihrem Erlösungswerk von dem ahnungslosen Förster überrascht und erschrak – weil sie ihn für den Teufel hielt – so sehr, daß sie fortan nicht mehr richtig bei Verstand war. Dennoch muß die Gräfin im Himmel bereits Gnade gefunden haben, denn seit sehr langer Zeit sah sie niemand mehr am Schloßberg umgehen.

Ob der junge Graf Wolfgang wirklich so grausam, wie behauptet, ums Leben gebracht wurde, weiß auch niemand genau. Der Sage nach soll viele Jahre nach dem schrecklichen Geschehen auf Hohenstein der Müller von der Mühle am Schwaigbach, die am Schloßberg lag, eines Abends einen fremden alten Mann mit schlohweißen Haaren dort gesehen haben, der zwischen den verkohlten Trümmern der Burg umherging und sich dann niedersetzte und bitterlich weinte.

Den vergrabenen Schatz in der Drachenhöhle hat bis auf den heutigen Tag niemand gefunden, wenn auch einige ihr Glück versucht haben.

Wie die Lindenkapelle bei Grassau entstand

An einer Straßengabelung zwischen Grassau und Piesenhausen steht die Lindenkapelle. Über ihre Entstehung erzählt man sich folgende Legende:

In Piesenhausen bei Marquartstein lebte einst eine Frau, deren Mann gewaltsam zum Kriegsdienst gepreßt worden war – was in der damaligen Zeit, in der die Bauern so gut wie keine Rechte hatten, eine häufig angewendete Art war, Soldaten zu bekommen. Sie mußte daher ihre vier Kinder, sowie Haus und Hof und alles was damit zusammenhing, alleine versorgen. Lange Zeit hoffte sie, ihr Mann, den sie sehr lieb hatte, würde bald zurückkehren, und sie schaute jeden Tag zur gleichen Stunde, zu der sie voneinander hatten Abschied nehmen müssen, nach ihm aus. Als aber Jahr und Tag verstrich und nicht einmal eine Nachricht von ihm kam, geschweige denn er selbst, wurde sie von schrecklicher Angst um ihn erfaßt. Eines Abends, als sie vor Verzweiflung nicht mehr aus noch ein wußte, flehte sie inständig zu Gott:

»Herr im Himmel, ich bitte Dich, wenn mein Mann schon nicht zurückkommt, so gib mir wenigstens ein Zeichen, an dem ich erkennen kann, was mit ihm los ist, ob er gesund ist und es ihm gut geht oder ob er etwa krank, gefangen oder tot ist. Habe Erbarmen mit mir!« Und sie betete und weinte die ganze Nacht. Am nächsten Tag hielt sie – zur gleichen Stunde wie immer – Ausschau nach ihrem Mann. Da hatte sie ein ganz ungewöhnliches Erlebnis. Sie sah am Himmel einen Sarg schweben und darunter drei Kreuze, die sich langsam zur Erde herabsenkten. Ein ahnungsvoller Schrecken durchzuckte die Frau, und sie lief, so rasch sie konnte, auf die Erscheinung zu. Inzwischen hatten die Kreuze den Boden berührt, und der Sarg stand geöffnet zwischen ihnen. Eines der Kreuze befand sich am Kopfende, die anderen beiden links und rechts neben dem Sarg. In diesem sah sie ihren Mann liegen. Sein Angesicht aber strahlte soviel verklärte Glückseligkeit aus, daß sie im gleichen Augenblick, in dem ihr bewußt wurde, daß er gestorben war, auch klar wurde, daß sie nicht um ihn trauern durfte. Besinnungslos brach sie zusammen.

Als sie wieder zu sich kam, war die Vision verschwunden. Sie aber ging innerlich ruhig und getröstet nach Hause. Gott hatte ihr Flehen erhört und ihr ein Zeichen gegeben, und sie wußte ihren Mann glücklich und geborgen bei ihm. An der Stelle jedoch, wo sie den Sarg mit den Kreuzen gesehen hatte, errichtete sie, gemeinsam mit ihren Kindern, eine Kapelle, und weil sie an jede Ecke des Bauwerks eine Linde einsetzte, hieß diese von da an »Lindenkapelle«.

Die Seeräuber in Unterwössen

In grauer Vorzeit – so überliefert die Sage – umspülten die Fluten des Chiemsees die Füße der Berge, so nahe reichte er an sie heran. Damals lag Unterwössen unmittelbar an seinem Ufer. Eines Tages kamen aus weit entfernten, fremden Landen auf Segelschiffen räuberische Horden herangefahren und überfielen das Dorf. Die tapferen Einwohner des Ortes aber besiegten die Eindringlinge und schlugen sie in die Flucht. Soweit die Sage.

Lange Zeit hindurch wurde in Unterwössen etwa alle zehn Jahre ein »Seeräuberspiel« aufgeführt, zum Gedenken daran. Es wurde ein Umzug abgehalten, bei dem ein Wagen, der wie ein Dreimaster hergerichtet war und in dem vorne ein weißgekleidetes Mädchen mit grünem Kränzchen im offenen langen Haar als »Gallionsfigur« stand, den Anfang bildete. In diesem »Schiff« befanden sich außerdem zwölf mit Schwertern bewaffnete Seeräuber. Sie trugen rote Jacken, weiß-rote weite Pluderhosen und hatten spitze Hüte, die unten turbanartig umwickelt waren. Ein zweiter Wagen, in dem 12 bis 16 Krieger, welche die einheimischen Verteidiger darstellen sollten, saßen, folgte dem ersten. Auf einem dritten, girlandengeschmückten Wagen befanden sich die Musikanten. Anschließend kam der Troß, angeführt von einem Ritter in voller Rüstung, mit Mantel und einer Krone auf dem Kopf und begleitet von vier Mohren mit riesigen Turbanen und weiten Umhängen. Ihnen folgten vier hochgewachsene Schildknappen auf Pferden und anschließend eine Menge Fußvolk in mittelalterlichen Gewändern, darunter ein Bärentreiber, ein »wilder Mann«, ein Hanswurst und ein Wagen voller Affen. Auf dem Dorfplatz führten die Seeräuber und die Krieger einen kunstvollen Schwerterkampf mit vielen verschiedenen Figuren auf, der jeweils mit dem Sieg der einheimischen Krieger endete. Anschließend wurden noch ein Bogentanz und ein Reiftanz aufgeführt. In einem allgemeinen, fröhlichen Faschingstreiben endete das Spiel.

Es wurde von den Unterwössenern auch in vielen anderen Ortschaften wie Ruhpolding, Traunstein oder Prien gezeigt. Leider wird es seit 1911 nicht mehr aufgeführt, denn die einzig bekannte schriftliche Anleitung für das Spiel aus alter Zeit ging bei einem Brand in Unterwössen verloren.

Die böse Frau von Rettenburg

Im Mittelalter erhob sich südlich von Wössen, nahe der Straße nach Reit im Winkl, die stolze Feste der Ritter von Rettenburg. Zur Zeit der Kreuzzüge vermählte sich der junge Schloßherr mit einem edlen Fräulein, dessen Schönheit im ganzen Land gepriesen wurde. Er hielt sich für einen vom Schicksal besonders begünstigten Mann, weil er sie, um die so viele vergeblich geworben hatten, zur Frau bekommen hatte. Das Glück des jungen Paares dauerte aber nur kurze Zeit, denn bald nach der Hochzeit mußte der Bräutigam mit seinem Landesherrn nach Palästina ziehen, um dort gegen die Sarazenen zu kämpfen.

Es verging ein ganzes Jahr, ohne daß er zurückkehrte oder Nachricht sandte. Da begann sich seine Gemahlin zu langweilen. Als abermals ein Jahr ohne Lebenszeichen von ihm verstrichen war, war sie des Wartens auf ihn müde. Sie glaubte, er sei gefallen, wandte sich einem anderen Mann zu und brach mit diesem die eheliche Treue. Neun Monate später wurde sie Mutter von Zwillingen, einem Brüderpaar. Sie wollte aber nicht, daß ihre Untreue so vor aller Welt offenbar würde. Nur ganz wenige Vertraute aus ihrer engsten Umgebung hatten Kenntnis davon, daß sie niedergekommen war, vor den anderen Schloßbewohnern hatte sie es schlauerweise zu verbergen gewußt. Sie beschloß daher, die zwei unerwünschten Knaben töten zu lassen, um damit die lebendigen Beweise ihrer Schuld beiseite zu schaffen. So glaubte sie, ihr Vergehen vor ihrem Gemahl — sollte er doch noch zurückkehren — verheimlichen zu können. Ohne daß ihr das grausame Schicksal ihrer eigenen unschuldigen Kinder naheging, legte die herzlose Frau die zwei Neugeborenen in einen Weidenkorb, deckte ein Tuch darüber und rief ihre Kammerzofe zu sich. »Gehe hinab zum Chiemsee und wirf die beiden elenden Würmer da hinein!« befahl sie ihr. »Und vergewissere dich, daß sie wirklich ertrinken und nicht etwa gerettet werden. Nur so bin ich in Sicherheit!«

»Aber es sind doch Eure eigenen Kinder, edle Frau!« stammelte die Dienerin, zutiefst entsetzt über das, was von ihr verlangt wurde. »Gebt sie doch einer verschwiegenen Frau in Pflege, dann erfährt auch niemand ...«

»Kümmere dich nicht um meine Sachen und tue, was ich dir geboten habe«, fuhr sie die Schloßherrin mit scharfer Stimme an, »und hüte dich, auch nur ein Wort darüber verlauten zu lassen, sonst lasse ich dich auch töten!«

»Was soll ich aber machen, wenn mich jemand dabei sieht?« »Dann sage, du müßtest überzählige junge Hunde ertränken!« riet ihr die unmenschliche Mutter und fuhr ungeduldig fort: »Und nun geh' schon endlich und tue, was ich dir gesagt habe!« Weinend machte sich die Kammerzofe auf den Weg zum Chiemsee. Kurz bevor sie dort anlangte, kam ihr ein staubbedeckter, müder Reitersmann entgegen. Zu ihrem nicht geringen Schrecken erkannte sie, daß es der Schloßherr von Rettenburg persönlich war, der nach fast dreijähriger Abwesenheit endlich heimgekehrt war. Der Ritter freute sich, eine Bewohnerin seiner Burg zu treffen und rief fröhlich:

»Gott zum Gruß, Jungfer, bist du etwa meiner Frau Gemahlin davongelaufen, weil du so alleine und so weit vom Schloß entfernt bist?«

»Ach Herr«, stammelte die Dienerin verstört, »ich, ich gehe nur so ein wenig umher.«

Verwundert bemerkte der Ritter, daß die Kammerzofe ganz außer sich vor Furcht war, ohne daß es einen vernünftigen Grund dafür gegeben hätte. Sein unverhoffter Anblick konnte sie doch nicht so sehr erschreckt haben! Er betrachtete sie aufmerksam und entdeckte den Korb, den sie seinen Blicken zu entziehen und ängstlich hinter ihrem Rücken zu verbergen

suchte. »Was hast du denn da in dem Korb, laß' mich einmal sehen!« forderte er mit strenger Stimme.

Die Kammerzofe wurde leichenblaß und begann am ganzen Körper zu zittern.

»I-ich ha-habe ein paar ju-junge Hunde da-darin,« brachte sie mühsam stotternd hervor, »d-die soll ich im Chie-Chiemsee ertränken, wei-weil wir sch-schon genug Hu-Hunde im Schloß haben.«

Durch ihr seltsames Benehmen argwöhnisch gemacht, glaubte ihr der Ritter kein Wort. Er sprang vom Pferd, nahm ihr trotz ihres Widerstrebens den Korb ab und zog das Tuch, das ihn bedeckte, beiseite. Zu seiner nicht geringen Verblüffung erblickte er die zwei neugeborenen Kinder darin. Sein Blick wurde finster und hart. Er packte die Kammerzofe grob am Arm und schrie empört:

»Sind das etwa die Hündlein, die du ertränken willst, gottloses Weib? Für diese ruchlose Tat sollst du mit deinem Leben bezahlen!« Und er zog sein Schwert.

Da fiel die Dienerin – vor Angst fast von Sinnen – auf die Knie und flehte um Gnade. Immer wieder von Schluchzen geschüttelt gestand sie, wer die beiden Knaben waren und in wessen Auftrag sie gehandelt hatte.

Der Schloßherr erschrak bis ins Herz, als er von der Schlechtigkeit seiner Gattin erfuhr. Als er sich etwas gefaßt hatte, wendete er sein Pferd und brachte die Kammerzofe mit den beiden Kindern zu einer weit entfernten Burg, mit deren Besitzer er befreundet war. Diesen bat er, die drei auf seine Kosten aufzunehmen und die Knaben zu Rittern erziehen zu lassen. Dann kehrte er, diesmal ohne die geringste Freude im Herzen, zur Rettenburg zurück.

Seine Gemahlin empfing ihn so, als hätte sie die ganzen Jahre voll Sehnsucht auf ihn gewartet. Er ließ sich nicht anmerken, daß er um alles wußte, was sie verbrochen hatte, aber er er benahm sich kalt und unnahbar. Alle glaubten, die schlimmen Kriegsjahre hätten diese Veränderung an ihrem Herrn bewirkt, niemand ahnte den wahren Grund für sein schroffes, abweisendes Verhalten.

So gingen zwanzig Jahre ins Land, in denen die Eheleute nebeneinanderher lebten. Da ritt eines Tages der Herr von Rettenburg fort, ohne zu sagen wohin. Als er nach einiger Zeit zurückkehrte, brachte er zwei junge Ritter mit. Gerne gewährte ihnen die Schloßherrin Gastfreundschaft, denn die beiden waren höflich und hatten ein freundliches, offenes Wesen, das ihr sehr wohl gefiel. Sie glichen einander wie ein Ei dem anderen, denn sie waren Zwillingsbrüder. Wie es sich gehörte, ließ sie zur Begrüßung der fremden Edelleute ein Festmahl bereiten. Bei Tisch lobte sie ihrem Gemahl gegenüber den vornehmen Anstand, mit dem sich die jungen Männer betrugen, und sprach die Vermutung aus, daß diese gewiß von hoher Abkunft seien. Der Burgherr aber blickte sie nur finster an, dann erhob er sich plötzlich und sagte, zu den Gästen gewandt: »Ihr habt Eure Knappenjahre nun hinter Euch. Daher will ich Euch eine Aufgabe zu lösen geben, die aufweisen soll, ob Ihr die rechte Rittergesinnung erlernt habt. Hört also: Ein Mann zieht auf einen Kreuzzug, um in schweren Kämpfen sein Leben für den Glauben auf's Spiel zu setzen. Derweilen betrügt ihn seine leichtfertige Gemahlin mit einem anderen. Und nicht genug damit! Um ihre Schuld zu verbergen, läßt sie die Kindern dieser Verbindung aus dem Weg schaffen und wie junge Hunde einfach ertränken. Sagt an, welche Strafe wäre für solch ein elendes Weib angemessen?«

»Man sollte sie in ein messerbeschlagenes Faß stecken und dieses anschließend von einem Berg in einen tiefen See rollen lassen, so daß sie jämmerlich zugrundegehen muß.«

»Dieser Meinung bin ich auch«, pflichtete ihm sein Bruder bei. Da wandte sich der Herr von Rettenburg an seine Gemahlin, die während dieser Rede totenbleich geworden war und mit weit aufgerissenen Augen erst ihren Mann, dann die jungen Ritter angestarrt hatte. Und er sprach mit unbarmherziger Stimme: »Du hast das Urteil gehört, das über dich verhängt wurde. Schaue dir diejenigen gut an, die es gesprochen haben. Es sind deine Söhne, die hast ermorden lassen wollen!«

Die Burg bei Reit im Winkl

Von einer Burg, die der Sage nach einst bei Reit im Winkl gewesen sein soll, erzählte im »Heimatbuch des Landkreises Traunstein Georg Linner«:

»Nach der ersten Besiedelung unseres Tales, das ist vor 800 bis 900 Jahren, soll auf dem Brünbühel, einem 27 Meter hohen, hinter dem Dorf Reit im Winkl liegenden Moränenhügel eine Burg gestanden sein, die dem Grafen Otto von Rute gehört habe. Dieser sei sehr vermögend und Besitzer des größten Teils des Tales gewesen. Die Talbewohner waren seine Lehensleute ... Als das Grafengeschlecht derer von Rute ausstarb, verfiel auch die Burg. Von ihr ist heute nichts mehr zu sehen.«

Warum Reit im Winkl zu Bayern gehört

Im Chiemgau erzählt man sich eine humorvolle Sage darüber, wie es dazu kam, daß Reit im Winkl zu Bayern gehört und nicht zu Tirol:

Zur Zeit der napoleonischen Kriege, als ganze Länder und ihre Einwohner einmal dem einen Machtbereich zugeschlagen wurden, dann wieder dem anderen, wurde das Gebiet um Reit im Winkl schlichtweg vergessen. Als das Versehen bemerkt wurde, beschlossen die drei Landesherren, die Ansprüche darauf zu haben glaubten, die strittige Frage durch ein Kartenspiel zu entscheiden. Der Gewinner sollte Reit im Winkl erhalten. So setzten sich Kaiser Franz von Österreich, der Fürsterzbischof von Salzburg und der Kurfürst Max Josef von Bayern (der spätere König Max I. Josef) zusammen und tarockten darum, wem dieses schöne Stückchen Land zufallen sollte. Das Glück war dem Bayern hold, und er gewann durch einen Stich mit dem Schellunter das Spiel und Reit im Winkl.

Diese heitere Szene ist als Liftlmalerei auf dem Gasthaus des Unterwirts von Reit im Winkl zu sehen. Seit dem legendären Kartenspiel werden die Bewohner des Ortes manchmal mit dem Spitznamen »Schellunter« bezeichnet. Auch gilt diese Spielkarte als Wahrzeichen des Ortes.

Wie die Klobensteinkirche bei Schleching entstand

Vor sehr langer Zeit lebte einmal eine arme Witwe mit ihrem kleinen Söhnchen zwischen Schleching und Kössen, unweit der Grenze zwischen Bayern und Tirol. Sie mußte hart arbeiten, um den Lebensunterhalt für sich und ihr Kind herbeizuschaffen. Eines Tages war sie im Gebirge, um Tannenzweige zu sammeln. Diese brauchte sie, um ein heilkräftiges Bad für ihren kranken Buben daraus bereiten zu können. Plötzlich vernahm sie ein eigentümliches und ganz unheimliches Krachen und Knacken, das vom Gipfel des Berges kam. Sie blickte erschrocken hinauf und sah, daß dort in der Höhe ein gewaltiger Felsbrocken abgebrochen war und mit riesigen Sprüngen auf den Ort herabstürzte, wo sie sich gerade befand. Vor Entsetzen wie gelähmt, versagten ihr die Beine den Dienst, und sie war nicht in der Lage, dem Stein, der sie zu zermalmen drohte, auszuweichen. In ihrer höchsten Not rief sie die Gottesmutter zu Hilfe:

»Heilige Maria, Mutter Gottes, steh' mir bei, sonst bin ich verloren!«

Und Maria ließ sie nicht im Stich. Unerklärlicher Weise brach der Felsklotz, bevor er auf die Stelle herabstürzte, wo die Frau stand, plötzlich mitten entzwei. Ein Brocken fiel neben ihr auf die eine Seite, der zweite auf die andere Seite und zerquetschte Bäume, Gestrüpp und was sich sonst noch dort befand, völlig. Die Witwe aber stand völlig unversehrt dazwischen. Zitternd sank sie auf die Knie und dankte für ihre Rettung.

Auf dieses Wunder hin wurde zwischen den beiden mächtigen Felsblöcken, die von da an »Klobensteine« genannt wurden, eine kleine Wallfahrtskirche gebaut, die sich bei der

Bevölkerung des Umkreises, sowohl in Tirol als auch in Bayern, großer Beliebtheit erfreut.

Einer anderen Legende zufolge soll an der Stelle, wo heute das Gotteshaus steht, eine Frau gesehen haben, wie sich plötzlich ein riesiger Felsbrocken in der Mitte teilte, und zwischen den Steinwänden die Gottesmutter mit dem Jesuskind auf dem Arm erschien und ihr freundlich zulächelte. Daraufhin sei die Klobensteinkirche erbaut worden.

Die Geister bei der Servatiuskapelle auf dem Streichen

Hoch oben auf einem Felsgrat des Streichen bei Schleching befindet sich eine Kapelle, deren Ursprünge noch in die romanische Zeit zurückgehen. Das an einem früheren Paßweg (Streichen kommt von »Strich«, was damals soviel wie Saumweg bedeutete) gelegene Kirchlein stand ehedem neben einer Burg. Mauerreste derselben sind nahe der Kapelle noch heute vorhanden. Die dem hl. Servatius geweihte Kirche war lange Zeit hindurch ein beliebtes Wallfahrtsziel, erst nach dem 18. Jahrhundert geriet sie etwas in Vergessenheit.

Im Jahre 1745, zur Zeit des österreichischen Erbfolgekrieges, entdeckten vier feindliche Soldaten aus Kroatien das abgelegene Gotteshaus. Sie vermuteten Schätze darin und wollten es plündern und niederbrennen. Aber noch ehe sie ihr schändliches Vorhaben in die Tat umsetzen konnten, fanden zwei von ihnen einen unerwarteten, gewaltsamen Tod.

Der Hafnersohn von dem Weiler Baiern bei Egerndach hatte die Soldaten beobachtet und sich mit ein paar Kameraden im

Gebüsch oberhalb der Kapelle in den Hinterhalt gelegt. In dem Augenblick, in dem die Kirchenschänder das Gotteshaus aufbrechen wollten, erschossen die Bauern zwei von ihnen. Als die beiden anderen sahen, was mit ihren Kumpanen geschehen war, flohen sie in panischer Angst den Berg hinab und ließen sich nie mehr auf dem Streichen blicken. Der Hafnersohn und seine Freunde begruben die toten Kroaten unter dem riesigen Birnbaum, der nahe bei der Kirche stand.

Von Stund an aber war es an dem Ort nicht mehr geheuer. Die Seelen der Ermordeten konnten wegen ihres frevelhaften Erdenwandels keine Ruhe finden. Wie es heißt, hockten sie bei Tag in Gestalt von zwei großen Raben auf dem Baum, stritten miteinander oder umkreisten den Wipfel, verließen den Baum jedoch niemals. Des Nachts sah man immer zwei kleine Flämmchen, Irrlichtern gleich, um den Baum tanzen. Der Birnbaum selbst, der früher goldgelbe, süße Früchte getragen hatte, brachte künftig nur noch blutrot gesprenkelte, gallenbittere Birnen hervor, die niemand essen mochte. Erst als nach sehr langer Zeit der Birnbaum vermorscht zusammenbrach, verschwanden sowohl die Raben wie auch die Irrlichter und wurden nie mehr gesehen. Ein Stück des Weges, der vom Tal der Tiroler Achen hinauf zum Taubensee führt, heißt heute noch »Kroatensteig«.

Der Spuk auf der Kampenwand

An einem kalten Winterabend vor sehr langer Zeit saßen der Bauer des Leitnerhofes, der am Fuße der Kampenwand gelegen war, seine Familie und sein Gesinde bei Kerzenschein zusammen und erzählten sich gegenseitig allerlei merkwürdige Begebenheiten und Spukgeschichten. Dabei wurde es allen so unheimlich zumute, daß keiner mehr wagte, aus dem Haus zu gehen. Nur ein junger Knecht wollte nicht recht an die übernatürlichen Dinge glauben, von denen da berichtet wurde, und behauptete hartnäckig, daß er sich nicht fürchte.

»Wenn du dir traust, heute Nacht noch auf meine Alm zu gehen und mir von dort, zum Beweis, daß du oben gewesen bist, den Milchseiher bringst, so schenke ich dir eine Kuh!« versprach ihm der Bauer, weil er meinte, der Bursche hätte aufgeschnitten und sich mit seiner Unerschrockenheit nur vor den Mädchen großtun wollen. Der aber freute sich, denn der Besitz einer Kuh bedeutete für ihn als armen Knecht einen großen Reichtum, und er rief vergnügt:

»Gut Bauer, es gilt!«

Er nahm Hut und Joppe und machte sich unverzüglich auf den Weg. Wie er so durch die kalte Winternacht den mondbeschienenen Berg hinanstieg, trat ihm plötzlich ein Jäger, den er nicht kannte, entgegen. Der Bursche grüßte freundlich und wollte vorübergehen, als der andere ihn aufhielt und sagte: »Du steigst, wie ich sehe, zur Alm hinauf. Da könntest du mir einen Gefallen tun. Oben in der Hütte am Bergwald liegen Rehhäute zum Trocknen, die ich umdrehen müßte. Wenn du ohnehin hinaufgehst, könntest du es für mich erledigen.« »Das will ich gerne tun, was sollen sich zwei plagen, wenn einer genug ist!« erklärte der Knecht, der ein hilfsbereiter Mensch war, und überlegte, was für eine Hütte der Fremde wohl meine, denn er kannte keine am Bergwald. Aber noch ehe er fragen konnte, erwiderte der Jäger:

»Vielen Dank, und du sollst es auch nicht umsonst tun. Als Belohnung für deine Mühe darfst du dir von dem, was hinter der Türe liegt, soviel nehmen, wie du willst.«

Und er tippte mit der Hand grüßend an seinen Hut und stapfte durch den tiefen Schnee davon.

Kurze Zeit später langte der Bursche am Waldrand an und befand sich tatsächlich vor einer roh aus Holz gezimmerten Hütte, in der er, als er die Türe geöffnet hatte und hineingegangen war, die Rehhäute liegen sah. Wie er es versprochen hatte, drehte er sie alle sorgfältig um und schaute dann hinter die Türe. Dort war eine Menge Tannenzapfen aufgehäuft. »Das ist mir ja ein schöner Lohn«, lachte er, aber dann bückte er sich doch und nahm ein paar davon mit. »Man weiß nie, wozu sie noch gut sind.«

Er trat wieder in die kalte Nacht hinaus und setzte seinen Weg fort. Als er endlich bei der Alm angelangt war, bemerkte er zu seiner Verblüffung, daß in dem Häuschen Licht brannte.

»Nanu, das ist aber seltsam«, verwunderte er sich, denn im Winter war gewöhnlich niemand auf der Alm. Er beschloß, erst vorsichtig durchs Fenster zu spähen, um zu sehen, wer sich in der Hütte befand, bevor er sie betrat. Es konnten ja Räuber sein, die sich dort den Winter über eingenistet hatten. Aber noch ehe er sein Vorhaben in die Tat umsetzen konnte, wurde plötzlich die Türe weit aufgerissen, eine fremde Sennerin stürzte heraus und stieß den völlig überrumpelten Burschen den Abhang hinunter, wo er unten eine Weile im Schnee liegenblieb, so benommen war er.

Langsam besann er sich wieder auf den Grund seines Hierseins, daß er gekommen war, den Milchseiher zu holen, und daß er dafür eine Kuh erhalten würde, und er beschloß, trotz des unfreundlichen Empfanges, der ihm vorhin zuteil geworden war, sein Glück noch einmal zu versuchen. Aber es erging ihm wieder so wie beim erstenmal. Als er sich erneut am Fuß des Hügels im tiefen Schnee wiederfand, wurde er, der sonst sehr gutmütig war, richtig zornig.

»Nun erst recht«, dachte er und stapfte gereizt ein drittes Mal zur Hütte hinauf, mit dem festen Vorsatz, sich nicht mehr überrumpeln zu lassen. Zu seiner Verblüffung öffnete ihm die fremde Sennerin jedoch ganz freundlich die Türe, ließ ihn sich am warmen Ofen niedersetzen und brachte ihm bereitwillig den Milchseiher, als er danach fragte. Er aber traute ihr nicht recht und verlangte eine Erklärung für ihr seltsames Verhalten zuvor. Da erzählte sie:

»Ich war einst Sennerin und bin schon vor vielen Jahren gestorben. Weil ich aber zu meinen Lebzeiten sehr faul und nachlässig war und dadurch viel Schaden angerichtet habe, mußte ich nach meinem Tod jeden Winter hier auf der Alm verbringen und schwere Arbeit verrichten. Du hast mich erlöst, weil du dreimal hergekommen bist und dich nicht hast abschrecken lassen. Nun ist meine Strafe vorüber. Ich danke dir von Herzen!«

Als sie zu Ende gesprochen hatte, schien es dem Knecht mit einem Mal, als sei er blind, so stockfinster war es plötzlich um ihn herum. Er umklammerte den Milchseiher, um ihn nur ja nicht zu verlieren, und preßte seine Augen fest zu, um sie anschließend ganz weit aufzureißen. Da konnte er wieder sehen und bemerkte zu seinem Erstaunen, daß er auf einmal draußen vor der Hütte stand, die völlig dunkel dalag. Von der Sennerin war keine Spur mehr zu finden. Wäre nicht der Milchseiher gewesen, den er noch immer umklammert hielt, er hätte geglaubt, seine sonderbaren Erlebnisse nur geträumt zu haben.

Kopfschüttelnd machte sich der Bursche auf den Heimweg und war froh, als er endlich wieder beim Leitnerhof angelangt war. Inzwischen war es Morgen geworden, und als er in die

Stube trat, waren alle Hausbewohner beim Frühstück versammelt. Er erzählte, was sich alles zugetragen hatte, gab dem Bauern zum Beweis für die Wahrheit seines Berichtes den Milchseiher und zog auch einen der Tannenzapfen hervor, die er in der Hütte des Jägers mitgenommen hatte. Da fielen ihm vor Überraschung fast die Augen aus dem Kopf: Die einfachen Tannenzapfen, die er dort drinnen nur so nebenbei aufgeklaubt hatte, hatten sich in pures Gold verwandelt! Nun war seine Freude groß, denn über Nacht war er zu einem reichen Mann geworden.

Wohl versuchten die anderen daraufhin, sich auch Tannenzapfen aus der von ihm beschriebenen Hütte am Bergwald zu holen, aber diese war verschwunden, so, als hätte es sie nie gegeben.

Der grimmige Herr von Katzenstein

An der Grenze Bayerns nach Tirol nahe dem Ort Windhausen befindet sich die Ruine Katzenstein. Es sind die Mauerreste eines früheren Wachturmes zur Grenzsicherung, der erst später in »Katzenstein« umbenannt wurde. Ins Innere des Turmes schrieb Fürst Philipp von Eulenburg (1847-1921) ein Gedicht über einen »grimmen Herrn von Katzenstein, dessen zweiter Teil wie folgt lautet:

»Herr Ritter Katz von Katzenstein
lebt' auf dem Katzenstein allein.
Er war ein wilder Ritter,
er blickte grimm und bitter.

Frau Venus doch, die schlimme,
umfing ihm Herz und Sinne.
Schön Agnes von Neubeuern,
die wollt' der Ritter heuern.
Doch weil er blickt so bitter,
mißfällt ihr sehr der Ritter;
der d'drob im wilden Grimme,
trug schwere Tat im Sinne.
Gar lieblich anzuschauen,
die Maid ging in den Auen.
Herr Ritter Katz von Katzenstein
stieß ihr den Speer ins Herz hinein.-
Drauf er zum Wald gegangen,
hat drin sich aufgehangen.
Nun steht der Turm so traurig,
die Raben krächzen schaurig.«

Ob dieses Gedicht auf reiner Erfindung des Fürsten oder auf einer sagenhaften Überlieferung beruht, ist nicht bekannt.

Der furchtsame Ritter von Klammenstein

Bei Nußdorf am Inn lebte einst auf Burg Klammenstein ein Ritter mit Namen Konrad. Eines Tages fand im Burghof ein Fest statt, an dem auch Zigeuner, die sich zufällig gerade in der Gegend befanden, teilnahmen und ihre Kunststücke vorführten. Spaßeshalber ließ sich Ritter Konrad von Klammenstein von einer der Frauen, die als Hellseherin galt, seine Zukunft aus der Hand lesen. Das Lachen verging ihm aber bald, als diese ihm weissagte, daß er durch einen Blitzschlag ums Leben kommen werde. Von Stund an hatte er eine derartige Angst vor Gewittern, daß er es nur ganz selten wagte, aus seiner Burg herauszukommen. Der Sage nach soll er sich sogar einen unterirdischen Gang bis zum Dorf Überfilzen haben anlegen lassen, um nicht ins Freie zu müssen. Dieser Weg wurde aber bis auf den heutigen Tag nicht gefunden. Im Laufe der Zeit wurde der Ritter immer eigentümlicher. Selbst seine Burg schien ihm nicht mehr sicher genug zu sein und er lebte ganz zurückgezogen in der Höhle »Quarantain« nahe der Einsiedelei Kirchwald.

Doch alle seine Vorsichtsmaßnahmen halfen ihm nichts. Er konnte seinem Schicksal nicht entrinnen. Eines Tages – es war strahlend blauer Himmel und nichts deutete auf ein Gewitter hin, schien es dem Ritter unbedenklich, ein wenig im warmen Sonnenschein umherzuwandern. Da zeigte sich mit einem Mal eine kleine dunkle Wolke. Aus ihr zischte völlig überraschend ein Blitz hernieder und tötete den ahnungslosen Herrn von Klammenstein auf der Stelle.

Jahrhunderte hindurch stand auf dem Feld zwischen Nußdorf und Überfilzen, auf dem das Unglück geschehen sein soll, ein Gedenkstein. Wie der Ritter noch zu seinen Lebzeiten bestimmt hatte, wurde sein Leichnam auf einen von Kühen gezogenen Wagen ohne Kutscher gelegt. Wo die Tiere von selbst stehen bleiben würden, sollten seine Erben ein Gotteshaus errichten. So entstand der Legende nach die Kirche St. Leonhard in Nußdorf.

Das Teufelsloch im Petersberg

Es ist schon viele hundert Jahre her, da wanderte einmal der heilige Petrus durch die Lande, um überall nach dem Rechten zu sehen. Auf seinen langen Wanderstab gestützt – denn er war nicht mehr der Jüngste –, schritt er den Inn entlang und suchte nach einem geeigneten Berg, von dem aus er einen guten Überblick über das Chiemgauer Land haben würde. Einen der höheren Berge ringsum zu besteigen, war ihm zu mühsam, denn er war schon lange unterwegs. Endlich erblickte er eine Erhebung, die ihm für seine Zwecke geeignet schien und auf deren Gipfel ein schönes Gotteshaus stand. Das war der Petersberg bei Flintsbach.

»Diesen Hügel werde ich gerade noch schaffen«, dachte er erleichtert und wischte sich den Schweiß von der Stirne. »Dann ist es aber genug für heute. Ich kann auch nicht mehr so wie früher!«

Langsam, aber zielstrebig, stieg er durch den Wald bergan. Doch er hatte die Steilheit des Weges unterschätzt. Als er bei einer kleinen Kapelle, die dem hl. Franziskus geweiht war, vorüberkam, ließ er seinen Wanderstab fallen und verschnaufte ein wenig. Noch heute – so behaupten die Leute – kann man dort die Rinne im Fels sehen, die der Stab des Apostelfürsten eingedrückt hat. Petrus hielt sich nicht lange auf und setzte seinen beschwerlichen Marsch fort. Die Hälfte des Weges lag bereits hinter ihm, da erblickte er mit einem Mal eine Felsspitze von ungefähr zweieinhalb Metern Höhe.

»Hier will ich nochmals ein wenig rasten«, keuchte er erschöpft, »der Berg ist viel höher, als ich dachte.«

Er setzte sich nieder und atmete tief, um wieder zu Kräften zu kommen. Als er sich erneut auf den Weg machte, hatten sich dort, wo er gesessen hatte, und dort, wo er die Hände und

Füße aufgestützt hatte, im Felsen Abdrücke gebildet, die bis auf den heutigen Tag erkennbar sind.

Petrus war noch nicht viel weiter gekommen, als sich ihm plötzlich ein finsterer Geselle in den Weg stellte. Er war riesengroß, hatte einen rußschwarzen Umhang an und einen ebensolchen Wildererhut tief in sein dunkles Gesicht gedrückt. »He du da!« brüllte er den Apostelfürsten unhöflich an und versperrte ihm den Weg. »Hier kommst du nicht weiter, das ist mein Gebiet. Was suchst du überhaupt hier?«

»Ich will die Menschen dieser Gegend an Gott erinnern und ihnen den Glauben wiederbringen, den viele von ihnen verloren haben!« antwortete Petrus freundlich.

»Ha, ha. ha!«, gröhlte da der Fremde höhnisch, und sein heiseres Gelächter schüttelte seine ganze Gestalt derart, daß der Ruß nur so in der Gegend umherflog. »Das wird dir nicht gelingen. Die Menschen hier habe ich viel zu sehr in meiner Gewalt.«

»Ich glaube nicht, daß du mein Werk verhindern kannst!« entgegnete ihm Petrus ruhig. »Ich kenne dich wohl, Satan, und ich habe mehr Macht als du, denn ich komme im Namen der Liebe, und die Liebe ist stärker als der Haß.«

Darüber wollte sich der Teufel schier ausschütten vor Lachen. »Du alter Mann willst stärker sein als ich? Dir ist ja der Weg hier auf den Berg schon zu viel. Dein Gesicht ist vor Anstrengung ganz rot, und der Schweiß läuft dir in Strömen von der Stirne. Alle paar Schritte mußt du stehenbleiben, um wieder zu Atem zu kommen! Und du, du willst stärker sein als ich, ha, ha, ha!«

»Wollen wir wetten, daß ich trotzdem schneller oben auf dem Gipfel bin als du?« fragte Petrus freundlich.

Einer Wette war der Teufel niemals abgeneigt, besonders, wenn er schon im vorhinein wußte, daß er gewinnen würde.

»Gerne, lieber Petrus«, grinste er und triefte dabei geradezu vor falscher Freundlichkeit, »wetten wir darum. Derjenige von uns beiden, der schneller auf dem Gipfel ist, hat gewonnen. Der Verlierer muß das Land verlassen und darf dem anderen nicht mehr ins Handwerk pfuschen, einverstanden?«

»Abgemacht«, bekräftigte Petrus, jedoch ohne dem Höllischen die Hand zu geben, »machen wir uns auf den Weg!«

Auf ein Zeichen hin gingen beide gleichzeitig los.

»So ein Dummkopf«, freute sich der Teufel und rieb sich schadenfroh die Hände, »ist bald so alt wie Methusalem, so erschöpft, daß er kaum noch japsen kann, und läßt sich mit mir auf so eine Wette ein! Ja, glaubt er denn, ich bin eine Schnecke? Ich werde schneller am Ziel sein, als er sich vorstellen kann!«

Er lief rasch zu einer Kapelle in der Nähe, der Antoniuskapelle, neben der ein Loch im Felsen war. Dort schlüpfte er hinein und fuhr im Inneren des Felsens durch einen schmalen Spalt, den er genau kannte, schnurstracks nach oben, während Petrus den langen, steilen Weg außerhalb gehen mußte.

Aber der Teufel hatte sich dennoch verrechnet. Wohl war er bald fast am Ziel, denn der Felsenspalt mündete genau unter der Kirche auf dem Gipfel, jedoch konnte er nicht weiter, weil das Gotteshaus geweiht war, und er deshalb nicht einfach durch den Boden hindurchfahren konnte. Daran hatte er nicht gedacht. Wütend trommelte er mit den Fäusten und mit seinem Bocksfuß dagegen und spuckte Gift und Galle. Aber das half ihm auch nichts. Zähneknirschend mußte er sich durch die enge Felsspalte zurückzwängen, um dann den Weg außen am Berg zum Gipfel zu nehmen.

Petrus war inzwischen – obwohl müde und erschöpft – schon vor ihm auf dem Gipfel angelangt und hatte somit die Wette gewonnen. Fluchend und fuchsteufelswild machte sich der Höllische aus dem Staub.

Seit dieser Zeit – so berichtet die Sage – führt vom Teufelsloch bei der Antoniuskapelle ein geheimer Gang durch die Felsen im Inneren des Berges bis zur Kirche auf dem Gipfel des Petersberges empor.

Der Teufelstritt auf dem Petersberg

In einer anderen Version wird diese Sage so erzählt:
Als Petrus einst durch Bayern wanderte um den dort ansässigen Leuten den Glauben zu predigen, begegnete ihm am Petersberg bei Flintsbach am Inn der Teufel. Der Gehörnte verhöhnte ihn, spottete über sein Vorhaben, die Menschen zu Christus zu bekehren, und drohte, ihm gründlich ins Handwerk zu pfuschen und seine Bemühungen zu stören, wo er nur könne. Er gab nicht eher Ruhe, bis Petrus sich bereit erklärt hatte, mit ihm einen Zweikampf auszufechten, in dem entschieden werden sollte, wer künftig Macht in der Gegend habe. Derjenige, der verliere, müsse diesen Landesteil für immer verlassen.

Im Vertrauen auf Gott sagte Petrus zu. Der Teufel wollte sich daraufhin schier ausschütten vor Lachen, weil er glaubte, mit dem schwächlichen alten Mann, der Petrus bereits geworden war, keine besondere Mühe zu haben.

Auf dem Petersberg, den sie als geeigneten Platz ausgewählt hatten, begann nun der schwere Kampf. Petrus zweifelte nicht an seinem Sieg, denn er fühlte plötzlich ungeahnte, sonst nie gekannte Kräfte in sich wachsen. Nach langem Ringen gelang es ihm auch wirklich, den Teufel zu bezwingen und dadurch für immer aus dem Land zu verjagen.

In schrecklicher Wut über seine Niederlage riß der Satan einen Felsen auf dem Petersberg mitten entzwei und fuhr durch den entstandenen Spalt geradewegs in die Hölle hinab. Petrus aber stieg vollends auf den Berg, lobte Gott und legte in demütiger Dankbarkeit den Grundstein für die Kirche, die später dort erbaut wurde. Auf der Stelle im Felsen, wo der Apostel mit dem Bösen gekämpft hatte, sind zwei tiefe Abdrücke zu sehen, die bis auf den heutigen Tag »Peterstritt« genannt werden.

Die drei Frauen auf Schloß Falkenstein

Um die Ruine Falkenstein nahe Flintsbach am Inn ranken sich mehrere Sagen. Eine davon wurde uns von dem Sagenforscher Friedrich Panzer Mitte des vorigen Jahrhunderts überliefert:

»Die Rachelwand ist ein Felsen, welcher einen Teil des Rachelberges bildet. Nach der Beschreibung der Bewohner des Dorfes Flinzbach sind auf dem Gipfel des Rachelberges noch einige Mauerreste eines alten Schlosses zu sehen. Die Sage spielt auf diesem Platze und auf dem etwa eine halbe Stunde entfernten, auch auf einer Anhöhe, aber doch viel tiefer liegenden Schlosse Falkenstein, wo noch schöne Mauerreste stehen, welche einer mittelalterlichen Ritterburg anzugehören scheinen. Auf dem Rachelberg, geht die Sage, wohnten in dem Schlosse vor undenklichen Zeiten drei Jungfrauen, wovon eine halb schwarz, halb weiß war. Sie befürchteten, auf dem Rachelberg zu versinken, und bauten das Schloß Falkenstein. Bei der Nacht sahen die Leute öfter im Mondschein die von den drei Jungfrauen auf Seilen in der Laube (Altane) aufgehängte

Wäsche. Aus der Tiefe des Schlosses auf dem Rachelberg hörte man öfter den Hahn krähen; auch sah man einen schwarzen Hund mit großen, feurigen Augen.«

Wie es heißt, soll sich im Inneren des Rachelberges ein riesiger unterirdischer See befinden. Früher hatten die Leute große Angst, er könne einmal ausfließen und das ganze Land ringsum, insbesondere den Ort Flintsbach am Fuß des Berges überschwemmen und verwüsten.

Die schwarze Frau auf Falkenstein

Eine der früheren Bewohnerinnen des Schlosses Falkenstein bei Flintsbach am Inn konnte aus Gründen, die heute niemand mehr zu sagen weiß, in ihrem Grabe keine Ruhe finden. Viele

Leute der Gegend behaupteten damals, sie beim Schloß umgehen gesehen zu haben. Oft berichteten Bauern, die noch spät am Abend am Schloß vorüberkamen, sie hätten an der Ecke des Hofangers eine ganz in Schwarz gekleidete geheimnisvolle Frau getroffen. Eine schwarze Haube, wie sie zu früheren Zeiten Mode gewesen sei, hätte fast ganz das Gesicht verborgen. Wenn man sich ihr jedoch genähert habe, sei sie mit einem Mal verschwunden gewesen.

Die Leute drohten damals jenen, die am Abend nicht aus dem Wirtshaus heimfanden oder auch Kindern, die nicht zu Bett gehen wollten:

»Wart' nur, die Schwarze wird über dich kommen!«

Bei der Ruine des Schlosses Falkenstein soll auch häufig ein gespenstisches schwarzes Roß zu sehen gewesen sein, sowie das geheimnisvolle Eierweibl, über das sich aber nichts Näheres in Erfahrung bringen ließ.

Der Hundsgraben am Großen Madron

Eine tiefe Schlucht zwischen dem Petersberg und dem Großen Madron bei Flintsbach am Inn hieß früher »Hundsgraben«. Vor sehr langer Zeit soll hier ein Graf gelebt haben, dessen Gemahlin, während er auf der Jagd war, zwölf Knaben gebar. Sie fürchtete sich, ihrem Gatten eine so große Anzahl von Kindern zu zeigen, um nicht als Hexe angesehen zu werden, und befahl daher einer vertrauten Dienerin, zehn der Knaben in einer Klamm nahe dem Schloß zu ertränken.

Auf der Rückkehr von der Jagd begegnete der Graf jedoch der Magd, konnte sie an der Ausführung des schrecklichen

Auftrages hindern und die Kinder retten. Wie weiter erzählt wird, sollen diese, als sie zu Männern herangewachsen waren, berühmte Helden geworden sein, deren Ruhm weithin in die Lande drang. Damals aber habe — so die Sage — die oben genannte Klamm den Namen »Hundsgraben« erhalten.

Das goldene Horn im Inn

Es ist schon viele hundert Jahre her, da wanderte ein junger Mann durch die bayerischen Lande. Er hatte ein goldenes Horn bei sich, auf dem er so wundersam zu blasen verstand, daß jeder, der ihn hörte, wie verzaubert war und ihm verzückt lauschte, so lange er spielte. Der junge Musikant fand wegen seiner Kunst überall auf den Schlössern und Burgen, die er besuchte, offene Türen und wurde gerne als Gast willkommen geheißen.

Aber so schön er auch spielte, er hatte ein kaltes Herz, in dem nur Platz für ihn selbst, nicht aber für andere war, deren Wohl oder Wehe ihm gleichgültig war. Er wußte, daß kaum ein Mädchen, das seine betörenden Melodien vernahm, ihm widerstehen konnte. So verführte er ohne Bedenken jedes, das ihm im Augenblick gerade gefiel, um es dann, wenn er wieder weiterzog, schmählich zu verlassen, ohne sich über dessen weiteres Schicksal auch nur Gedanken zu machen. Es rührte ihn nicht im mindesten, daß er durch sein Verhalten viele ins Unglück gestürzt hatte.

Eines Tages kam er auch zur Burg Falkenstein bei Flintsbach am Inn. Wieder spielte er seine bezaubernden Weisen, und wieder wurde er gerne als Gast aufgenommen. Der Burgherr hatte eine Tochter, die Mathilde hieß. Sie galt als das schönste Mädchen weit und breit und war so lieblich anzusehen und hatte ein derart heiteres und anziehendes Wesen, daß sich der sonst so kaltherzige junge Musikant auf den ersten Blick in sie verliebte. Es schien ihm ein Leichtes, ihre Gunst zu gewinnen, denn er wußte ja, wie das Spiel auf seinem Horn die Menschen verzückte. So blies er denn am Abend, als alle Edelleute der Burg versammelt waren, seine schönsten Lieder und hoffte, die Tochter des Burgherrn dadurch zu betören. Aber Mathilde war unempfindlich gegen seinen Zauber. Sie behandelte ihn zwar freundlich, so wie sie alle Menschen ihrer Umgebung behandelte, gab ihm aber in keiner Weise einen Vorzug vor den anderen.

An den nächsten Abenden spielte er noch schönere Melodien, legte sein ganzes Gefühl in seine Musik und meinte, es könne gar nicht anders sein, als daß sie ihn daraufhin lieben müsse. Es war dem aber nicht so. Jedesmal, wenn er sich ihr zu nähern suchte, um ihr seine Liebe zu gestehen, wich sie ihm aus. Er, der bisher gewohnt war, alles zu bekommen, was er wollte, konnte es nicht ertragen, daß dasjenige, was er sich am meisten wünschte, nicht in Erfüllung gehen sollte. Eines Abends, als sein sehnsüchtiges Werben wieder einmal ohne Erfolg blieb, wurde er von solch wilder Verzweiflung darüber ergriffen, daß er sein goldenes Horn packte, zur Burg hinausrannte bis zum Inn hinunter, und sich in die reißenden Fluten stürzte. Niemals mehr kam der junge Musikant zum Vorschein, doch seit der Zeit geschehen dort geheimnisvolle Dinge. In manchen Nächten klingen zur Geisterstunde zauberhafte, aber ungemein wehmütige Melodien, die auf einem Horn gespielt werden, bis hoch hinauf zur Ruine Falkenstein, wo vor Zeiten die unerreichbare Liebste des Unglücklichen lebte.

Der unheimliche Pudel beim Rachelschloß

Vor langer Zeit waren einmal drei Mädchen aus Flintsbach beim Pilzsuchen und kamen dabei zum Rachelschloß. Es war schon ziemlich spät, und sie wollten sich gerade auf den Heimweg machen, als mit einem Mal eine wunderschöne junge Frau vor ihnen stand. Sie trug lange, altmodische Gewänder und hatte einen Schlüsselbund. Freundlich lächelte sie die erschrockenen Mädchen, die sich nicht vorstellen konnten, woher die geheimnisvolle Unbekannte so plötzlich gekommen war, an und bat:

»Geht morgen zur gleichen Stunden wie heute wieder an diesen Ort. Es soll euer Schaden nicht sein. Ich werde auch hier sein, und wenn es euch gelingt, mir den Schlüssel, den ich im Mund trage, zu nehmen, wartet euer ein reicher Lohn.«

Nachdem sie so gesprochen hatte, verschwand sie auf ebenso unerklärliche Weise, wie sie erschienen war.

Die Mädchen beschlossen zu tun, was die Fremde verlangt hatte, denn die Aussicht auf die versprochene Belohnung lockte sie. Außerdem hatte die schöne Frau nichts Erschreckendes an sich gehabt, was sie abgehalten hätte, sich nochmals herzubegeben. So fanden sich die drei am nächsten Tag zur gleichen Zeit wieder beim Schloß ein und warteten voller Ungeduld auf sie.

Aber statt der schönen Frau erschien plötzlich ein riesiger schwarzer Pudel mit wilden, glühenden Augen. In seinem Maul, das zu einem bösartigen, ungemein bedrohlich wirkenden Fletschen verzogen war, trug er einen Schlüssel. Keines der drei Mädchen wagte es, ihm diesen wegzunehmen, wie es die Unbekannte gefordert hatte. Sie kreischten alle vor Entsetzen laut auf und rannten so schnell sie nur konnten durch den Wald davon und nach Hause, wo sie – noch immer vor Angst schlotternd – ihr schauriges Abenteuer berichteten.

Die drei seltsamen Wünsche des Schmiedes von Rumpelbach

In Rumpelbach nahe dem Samerberg am Inn wohnte einst ein Schmied, der, obwohl er schon sehr alt war, noch immer unverdrossen sein Handwerk ausübte. Eines Abends, es war bitterkalt und ein rauher Wind fegte über das Land, klopften zwei ganz durchfrorene Wanderer an seine Türe und baten um ein Nachtquartier. Der Schmied hieß die Männer freundlich willkommen, teilte sein einfaches Abendbrot mit ihnen und richtete ihnen ein warmes Lager zum Schlafen her. Die beiden Fremden aber, denen er sich so hilfsbereit gezeigt hatte, waren niemand anders als Gott der HERR persönlich und der hl. Petrus in seiner Begleitung.

»Du hast wahrhaft christlich an uns gehandelt, ohne einen Lohn zu fordern«, sprach der HERR am nächsten Tag zu dem alten Mann und gab sich zu erkennen, »darum sollen dir drei Wünsche in Erfüllung gehen.«

»Das kommt mir gerade recht!« freute sich der Schmied. »Da wünsche ich mir, daß jeder, der auf den Birnbaum vor meinem Haus steigt, so lange oben bleiben muß, bis ich ihn wieder herunterlasse!«

Er ärgerte sich nämlich seit langem darüber, daß ihm die schönsten und saftigsten Birnen immer gestohlen wurden, bevor er sie ernten konnte, und er die Diebe niemals erwischte, weil er schon zu alt war und nicht mehr so schnell laufen konnte.

»Es sei dir gewährt«, lächelte der HERR. »und was wünscht du dir noch?«

»Sei diesmal klüger und bitte nicht um so etwas Nutzloses und Törichtes!« sprach Petrus tadelnd zu dem Alten. Der aber ließ sich nicht beirren und tat seinen zweiten Wunsch kund«

»Ich möchte, daß jeder, der in den Lauf meines Gewehres kriecht, nur herauskommen kann, wenn ich es will!«

Der HERR schmunzelte wieder und gewährte auch das. Petrus aber wurde ganz aufgeregt und beschwor den Alten:

»So nimm doch Vernunft an! Du hast nur noch einen Wunsch frei! Bedenke, daß dein Leben hier auf Erden nur noch kurze Zeit dauert, und daß dann die Ewigkeit auf dich wartet!«

Aber der Schmied beachtete ihn wieder nicht, lachte nur verschmitzt und verlangte:

»Zum Dritten soll ich jeweils dort sein dürfen, wo meine Zipfelmütze ist, wann immer ich das will!«

Petrus stöhnte laut auf über so viel Dummheit und raufte sich seinen Bart. Der HERR jedoch lachte herzlich und erfüllte auch den letzten Wunsch. Dann nahmen die himmlischen Gäste Abschied von dem alten Mann.

»Auf Wiedersehen«, sprach der HERR bedeutungsvoll und zwinkerte ihm verschwörerisch zu, während Petrus ihm noch ein paar gutgemeinte Ratschläge für sein ferneres Leben gab.

Es war fast ein Jahr nach diesem denkwürdigen Ereignis, der Alte arbeitete gerade fröhlich vor sich hinpfeifend in seiner Schmiede, als es plötzlich laut und fordernd an seiner Türe klopfte.

»Na, na, ich komme ja schon!« dachte der Schmied und warf einen Blick durchs Fenster um zu sehen, wer so ungeduldig Einlaß begehrte. Da erblickte er eine zaundürre Gestalt in einem langen schwarzen Umhang. Der tief ins Gesicht gezogene breitkrempige schwarze Hut ließ nur ein Stück von dem in ewigem Grinsen erstarrten Totenschädel frei, aber das genügte. Dem Schmied erstarb vor Entsetzen das Lied auf den Lippen, als er erkannte, wer da vor der Türe stand und ihn heimsuchen wollte. Er faßte sich aber rasch wieder und rief, als der Unheimliche erneut, und diesmal noch lauter und fordernder pochte:

»Gleich, gleich, hab' ein wenig Geduld! Ich kann gerade nicht weg, weil ich ein Eisen im Feuer habe. Du darfst inzwischen auf den Birnbaum vor meinem Haus, an dem die Leiter steht, steigen und von den Birnen essen, soviel du willst. Wenn ich fertig bin, komme ich gleich heraus!«

Das Herz schlug ihm bis zum Hals, als er verstohlen durchs Fenster spähte, um zu beobachten, ob der Tod seiner Einladung folgen würde. Er unterdrückte einen Freudenschrei, als er sah, daß dieser tatsächlich auf den Birnbaum stieg und sich an den süßen Früchten gütlich tat. Wie eine riesige schwarze Vogelscheuche saß er auf einem Ast und aß eine Birne nach der anderen.

»Hurrah!« jubelte der Schmied, warf seine Zipfelmütze in die Höhe und sprang dann in langen Sätzen – so als sei er in einen Jungbrunnen gefallen und kein alter Mann mehr – aus seinem Haus hervor. Er stellte sich unter den Birnbaum, lachte schallend und rief:

»Dort oben kannst du jetzt hocken bleiben bis in alle Ewigkeit!«

Der Tod zuckte bei diesen Worten erschrocken zusammen und schickte sich an, unverzüglich herabzusteigen. Aber es gelang ihm nicht. Es war, als hielte ihn der Baum mit tausend Krallen fest, er kam nicht davon los.

»Du plagst dich umsonst«, erklärte der Alte schadenfroh dem Überlisteten, »keiner kann von dem Baum wieder herunter, es sei denn, ich erlaube es!«

»Laß' mich gehen«, flehte der Tod mit jämmerlicher Stimme. »Ich habe sehr wichtige Aufgaben. Du weißt nicht, was du tust, wenn du mich hier festhältst und daran hinderst, sie zu erledigen!«

»Ich weiß sehr gut, was ich tue!« erwiderte der Schmied.

»Auf einen wie dich können wir hier auf der Erde sehr gut verzichten. Nun kannst du keine kleinen Kinder oder jungen Leute mehr holen, die das ganze Leben noch vor sich hätten, und auch nicht alte Menschen wie mich, die gerne leben, auch wenn sie schon einige Jahrzehnte auf dem Buckel haben!«

»Aber denke doch an die Menschen, die schwer krank sind und große Schmerzen haben!« wandte der Tod ein, »wenn ich sie nicht erlöse, müssen sie ewig leiden! Sie werden dich verfluchen!«

»Da wird mir schon etwas einfallen«, meinte der Schmied zuversichtlich, »das ist noch lange kein Grund, dich gleich wieder freizulassen, wo wir dich endlich einmal los sind!« Er wollte gehen, aber der Tod fing schauerlich an zu heulen, klapperte ganz fürchterlich mit den Zähnen und rief verzweifelt:

»Und wo sollen denn die vielen Menschen hin, wenn keiner mehr stirbt? Bald müssen alle hungern, weil nicht mehr genug zum Essen da sein wird. Auch Platz wird keiner mehr sein auf der Erde, und die Leute werden miteinander um den kleinsten Fleck erbittert streiten. Sie werden sich hassen und gegenseitig wehtun, weil jeder sich durch den anderen beeinträchtigt fühlen wird. Es wird wimmeln wie in einem Ameisenhaufen und von Tag zu Tag schlimmer werden, bis es ganz unerträglich ist!«

Daran hatte der Schmied nicht gedacht.

»Hmm, da ist was dran«, gab er widerstrebend zu. »Aber ich kann dich trotzdem nicht herunterlassen, sonst nimmst du mich mit, und ich will noch lange nicht sterben, mir gefällt es hier auf Erden!«

In seiner Not versprach der Tod dem lebenslustigen Alten auf Ehr und Seligkeit, ihn zu verschonen und sich nie wieder bei ihm blicken zu lassen.

»Na gut«, ließ sich dieser endlich erweichen, »dann steig herab. Unter der Bedingung erlaube ich es dir.«

Kaum hatte er das gesagt, da sprang der Tod mit einem einzigen Satz vom Baum und verließ fluchtartig den Ort seiner Niederlage.

Ruhig und ohne Sorgen lebte der Alte fortan in seinem Häuschen. Seit der Begegnung mit dem Tod war etwa ein Jahr verstrichen. Eines Abends, der Schmied stand noch immer in seiner Werkstatt und hämmerte, obwohl er schon den ganzen Tag unermüdlich gearbeitet hatte, da gab es plötzlich ein ohrenbetäubendes Getöse und gleichzeitig erfüllte ein ungemein widerlicher, beißender Gestank, der einen die Augen tränen ließ, den Raum. Der Teufel war durch den Kamin hereingefahren, trat nun in seiner schrecklichen Gestalt auf den Schmied zu und befahl ihm mit drohender Stimme:

»Komm' mit, Freundchen, es ist aus mit dir! Der Tod kann dich zwar nicht mehr holen, aber dafür gehörst du jetzt mir!« Er lachte höhnisch, als ihn der Alte ganz verstört anstarrte, und spottete:

»Das hast du nicht erwartet, gelt? Hast gemeint, du wärest schlauer als Tod und Teufel! Ha, ha, ha!«

Inzwischen hatte sich der Schmied von seinem ersten Schrecken erholt und seine Pfiffigkeit zurückgewonnen.

»Pah«, schnaubte er verächtlich, »da könnt' ja jeder kommen und behaupten, er wäre der Teufel, und ich sollte mit ihm gehen! Erzähle doch nicht solche Lügen! Du bist der Schornsteinfeger, und weil du aus Versehen durch meinen Kamin gefallen bist und alles kaputt gemacht hast, willst du dich nun herausreden!«

So eine Unverschämtheit war dem Höllenfürsten im Lauf der Jahrtausende noch nie vorgekommen. Vor Verblüffung konnte er eine Weile gar nichts sagen, dann aber bekam er eine solche Wut, daß er meinte, daran ersticken zu müssen.

»I-ich, ein Schorn-Schornsteinfeger«, stammelte er heiser, »s-so...«

Aber der Schmied ließ ihn nicht weiterreden:

»Jawohl, ein Schornsteinfeger«, bekräftigte er nochmals mit Nachdruck. »Wenn du wirklich der Teufel sein willst, mußt du es mir schon beweisen!«

»Das werde ich auch!« brüllte dieser außer sich vor Zorn und wollte ihn packen.

»Herumbrüllen kann ein jeder, nicht nur der Teufel!« schrie der Schmied in gleicher Lautstärke zurück. »Das ist kein Beweis! Aber«, fügte er listig hinzu, »wenn du in den Lauf des Gewehres kriechen kannst, das dort an der Wand hängt, dann will ich glauben, daß du der Teufel bist. So etwas kann kein Schornsteinfeger!«

»Nichts leichter als das!« fauchte der Höllische, dem es ungeheuer wichtig erschien, den Verdacht, er sei ein Schornsteinfeger, zu entkräften. Er ließ sich ganz zusammenschrumpfen, bis er so klein und dünn war, wie ein Bleistift. Dann kroch er hurtig in den Gewehrlauf.

»Glaubst du jetzt, daß ich der Teufel bin?« verlangte er daraufhin vom Schmied zu wissen.

»Natürlich, du bist ja auch so dumm wie der Teufel!« lachte der, nahm das Gewehr, hielt den Lauf ins Feuer, bis er glühte, legte ihn auf den Amboß und schlug mit seinem schwersten Hammer darauf los.

»Aua, aua, uaaah!« heulte der Teufel, der ja nicht mehr herauskonnte. Er schrie so erbärmlich, daß es einen Stein zum Erweichen gebracht hätte, nicht aber den Schmied. Der drosch auf das Rohr und seinen teuflischen Inhalt so lange ein, bis der Höllische in seiner Pein versprochen hatte, nie wieder zu ihm zu kommen und ihn fortan für ewige Zeiten in Ruhe zu lassen. Da erst hörte der Alte zu hämmern auf und ließ ihn heraus. Der Teufel überkugelte sich ein paar Mal, so schnell nahm er Reißaus. Der Schmied aber riß alle Fenster weit auf, daß der Gestank hinausziehen konnte, und atmete befreit die frische

Luft. Nun fühlte er sich sicher, weder Tod noch Teufel konnten ihm künftig etwas anhaben. Wen sollte er noch fürchten?

Wieder zog ein Jahr ins Land und verstrich ohne besondere Ereignisse, und der Schmied glaubte schon, das ewige Leben auf Erden erkämpft zu haben. Da erschien eines Abends ein hell leuchtender Engel in der Schmiede und forderte den alten Mann gebieterisch auf:

»Folge mir, deine Zeit ist längst abgelaufen!«

Der Himmelsbote strahlte eine solch unbezwingliche Macht aus, daß der Schmied es nicht wagte, sich zu widersetzen. »Ich komme mit dir, aber laß mich noch schnell meine Zipfelmütze holen. Ich bin alt, und mich friert so leicht am Kopf«, bat er demütig. Der Engel gestattete ihm diesen kurzen Aufschub, machte sich jedoch, nachdem der Schmied die Zipfelmütze über seinen Kopf gestülpt hatte, unverzüglich mit ihm auf den Weg. Nun wurde es dem fröhlichen Alten, der ewig leben wollte, doch ein wenig bang zumute.

»Wohin wird er mich wohl führen?« fragte er sich besorgt, als er hinter dem wortlos voranschreitenden Himmelsboten einherlief, »in den Himmel glaube ich kaum. Hoffentlich ins Fegefeuer und nicht in die Hölle. Dort will ich nicht hin, auch wenn mir der Teufel nichts anhaben kann.«

Endlich kamen sie zur Himmelspforte, wo durch die Ritzen der Türe strahlendes Licht herausleuchtete. Erleichtert wollte der Schmied schon aufatmen, als er zu seinem nicht geringen Schrecken bemerkte, daß der Engel daran vorüberschritt.

»Halt ein«, rief er aufgeregt, »nur einen kleinen Augenblick! Ich muß den hl. Petrus etwas Wichtiges fragen!«

Und ohne die Antwort des Engels abzuwarten, begann er aus Leibeskräften nach dem himmlischen Pförtner zu rufen, so lange, bis dieser die Türe ein wenig öffnete und herausschaute.

»Was ist los, was brüllst du hier so herum?« fragte er ungehalten.

»Du kennst mich doch, du hast einmal bei mir übernachtet!« erinnerte ihn der Schmied. »Bitte, leg' doch ein gutes Wort für mich ein, daß ich in den Himmel darf!«

Der Heilige aber schüttelte traurig den Kopf und sagte vorwurfsvoll:

Warum hast du auch so törichte Wünsche getan. Hättest du damals auf mich gehört und gefordert, in den Himmel zu kommen, so könnte ich dir öffnen. Nun mußt du dorthin gehen, wohin dich der Engel führt.«

Aber noch während der hl. Petrus redete, hatte sich der Schmied blitzschnell die Zipfelmütze vom Kopf gerissen und sie durch den Türspalt, an Petrus vorbei, in das Paradies geworfen. »Mein dritter Wunsch war, daß ich immer dort sein darf, wo meine Zipfelmütze ist!« rief er dabei triumphierend. »Ihr im Himmel werdet doch nicht wortbrüchig werden?«

Da öffnete sich die Himmelspforte mit einem Mal von allein, und in dem strahlenden Licht, das herausflutete, stand der HERR selbst vor dem Schmied, zwinkerte ihm verschwörerisch zu und sprach:

»Komm, ich habe schon auf dich gewartet.« Und von dem lächelnden Engel und dem verdutzten Petrus geleitet, schritt der Schmied von Rumpelbach frohen Herzens ins Paradies.

Der verschwundene See

In dem Hochtal zwischen Samerberg und Hochries lag — der Sage nach — in grauer Vorzeit ein schöner großer See. Die Bewohner der Gegend konnten deshalb die Kirchen auf den Bergen, die rings um das Gewässer lagen, leicht mit ihren Booten erreichen und sich lange beschwerliche Fußmärsche sparen. Das ärgerte einen bösen Drachen, der dort hauste und die Menschen haßte wie die Pest, maßlos. Mit erbittertem Grimm drückte er so lange gegen die Hügel, die das Ufer des Sees im Westen bildeten, bis sie zerbrachen. Da stürzte das ganze Wasser hinab ins Inntal, und der See verschwand für immer. Soweit die Sage.

Geologischen Berichten zufolge gab es in der Eiszeit in diesem Gebiet tatsächlich einen großen See, der durch irgendeine Naturkatastrophe, vielleicht einen gewaltigen Erdrutsch, zum Auslaufen gebracht wurde.

Wie Dämonen bezwungen werden

Der Aberglaube, daß Verhexung, böser Blick oder Dämonen an Krankheiten im Viehbestand eines Bauern schuld seien, ist sogar noch heute weit verbreitet. Eine Möglichkeit, wie die Leute im Chiemgau versuchten, den höllischen Mächten Herr zu werden, beschrieb Anton Dempf 1935 in »Heimat am Inn«:
»Beim Erkranken eines Pferdes, Rindes usw. gilt als erprobt helfend, die Anhängekette des betreffenden Tieres um des Hauses Unterfirst (den sogen. »Katzenbaum«) zu schlingen

und mit möglichster Gewalt mit einem Prügel dort festzuziehen (zu »roalen«). Als wichtig gilt, die Kette in diesem scharf angespanntem Zustand um den Unterfirst zu lassen, bis das Tier gesundet ist. Ganz klar liegt hier Meinung und Absicht vor, auf jemand, den man für befähigt hält, das Tier gesund zu machen, einen Zwang auszuüben, ihn, der wohl als ein Hausgeist, ein Hausdämon gedacht ist, solange mit der Kette zu peinigen, bis er endlich nachgibt und seine Macht für die Austreibung der Viehkrankheit anwendet.«

Der Schelm vom Samerberg

Ein Fuhrmann, der häufig auf der Salzstraße von Reichenhall nach München unterwegs war, galt als rechter Schelm, der sich in jeder Lage zu helfen wußte. Eines Tages, nachdem ein heftiger Platzregen ihn bis auf die Hut durchnäßt hatte, suchte er Schutz in einem Wirtshaus am Samerberg. Aber die Gaststube war voll besetzt, und niemand der Einheimischen wollte rücken, um dem Fremden Platz zu machen.

Der pfiffige Samer – so nannte man zur damaligen Zeit die Fuhrleute – wußte sich jedoch zu helfen. Er ging zum Ausschank, bestellte einen Schnaps zum Aufwärmen für sich und für seine beiden Pferde je zwei hartgekochte Eier mit Salz. Dabei sprach er so laut, daß ihn gewiß jeder im Raum verstehen konnte. Kopfschüttelnd machte sich der Wirt an die Ausführung der merkwürdigen Bestellung, schenkte dem Samer seinen Enzian ein und ging in den Stall, um den Pferden die Eier zu bringen.

Da sprangen die Bauern in der Stube, einer nach dem anderen, auf und liefen neugierig in den Stall. Das Schauspiel von Pferden, die harte Eier mit Salz fraßen, wollte sich keiner entgehen lassen.

Im Handumdrehen hatte der Samer mehr als genug Platz und konnte sich neben den Ofen setzen und seine durchnäßten Kleider trocknen lassen. Als der Wirt zurückkam und meldete, die Pferde hätten die Eier verschmäht, lachte der Schelm und meinte: »No ja, dann werde ich sie halt essen!«

Und er ließ sich die Mahlzeit schmecken trotz der mißgünstigen Blicke, die die Bauern auf ihn warfen, weil er sie gefoppt und ihnen den gemütlichsten Platz in der Gaststube abgeluchst hatte.

Woher der Name Rosenheim kommt

Im Lexikon von Bayern, das 1796 in Ulm erschien, wird der Name der Stadt Rosenheim so erklärt:

»Die Sage behauptet ernsthaft, daß Rosenheim seinen wohlriechenden Namen von den vielen Rosen erhalten habe, welche daselbst wild gewachsen seien. Die Römer, welche in der Gegend von Rosenheim Niederlassungen gründeten, bedurften der Rosen zur Zierde der Tafeln, zur Weichlichkeit der Betten, zur Würze der Getränke. Sorgfältig mag die Lieblingsblume gepflegt worden sein und als die Römer vertrieben wurden, wuchsen sie von selbst fort und bildeten einen › Rosenhain ‹, woraus nachmals Rosenheim geworden, das zum ewigen Gedächtnis eine gefüllte weiße Rose im roten Felde führt.«

Ein anderer Deutungsversuch will den Namen der Stadt von »Roßweide« ableiten.

Die Geisterkatzen
auf der Innbrücke in Rosenheim

Es ist schon lange her, da diente in Pirach, einem kleinen Ort zwischen Vogtareuth und Schonstett, ein Knecht, dem nichts heilig war. So scheute er sich nicht, einmal am Sonntag in der Klosterkirche von Rosenheim zur hl. Kommunion zu gehen, obwohl er gar nicht an Gott glaubte. Anschließend setzte er sich in ein Gasthaus, spielte Karten und trank Bier, wobei er immer wieder lästerlich fluchte. Nach dem so unheilig verbrachten Sonntag machte er sich, als es dunkel zu werden begann, auf den Heimweg nach Pirach.

Als er die Innbrücke überqueren wollte, versperrten ihm plötzlich zwei schwarze Katzen, die links und rechts auf den Geländern saßen, den Weg. Sie hielten ihre gespenstisch glühenden Augen starr auf ihn gerichtet und fauchten drohend. Sie ließen sich weder durch Flüche oder wüstes Schimpfen noch durch Schläge vertreiben.

Dem Knecht wurde es ganz unheimlich zumute und er bekam es mit der Angst zu tun, denn die beiden seltsamen Tiere verhielten sich keineswegs wie Katzen es sonst tun. Ohne Grund sprangen sie ihn an, zerkratzten ihm mit ihren Krallen das Gesicht, hängten sich an seine Kleider und ließen nicht von ihm ab, so sehr er auch um sich schlug und sie zu vertreiben suchte. In seiner Not zog er einen geweihten Rosenkranz, den er nur seiner Mutter zuliebe bei sich trug, aus der Tasche und bekreuzigte sich. Im gleichen Augenblick waren die schwarzen Katzen verschwunden, als hätte sie die Nacht geschluckt, und er konnte unbehelligt nach Hause gehen.

Der Schatz im Brunnen

Einer seltsamen Überlieferung zufolge soll sich auf einem bei Rosenheim gelegenen Hügel, der Schloßberg heißt, nahe dem ehemaligen Sieflingerhof, ein aus Steinen gebauter, sehr tiefer Brunnen befinden. Dort soll ganz in der Tiefe ein Schwein aus purem Gold liegen. Wie es heißt, haben früher viele Menschen versucht, den Schatz zu bergen. Es ist aber keinem gelungen, auch nur eine Spur davon zu finden.

Der dumme Teufel und der schlaue Schmied

Aus jener alten Zeit, in der es ein Dorf Leonhardspfunzen noch nicht gab, wird folgende Geschichte erzählt, die 1930 in »Das Bayerische Inn-Oberland« erschienen ist:

»Zwischen Rosenheim und Wasserburg war in früheren Zeiten ein dichter Wald. Da, wo jetzt Leonhardspfunzen steht, war eine Schmiede. In diese Schmiede kam einmal der Teufel und sagte zum Schmied: »Deine Zeit ist aus. Du mußt jetzt mit mir!« Der Schmied antwortete: »Gleich geh ich mit, ich muß nur noch ein Hufeisen fertig machen. Setze dich derweil auf den Amboß!«

Der Schmied nahm nun seinen Hammer und schlug auf den Teufel los, was er konnte. Der Teufel schrie: »Hör' auf, ich will gerne wieder so gehen«. Einige Tage später ging der Schmied in den Wald um Kohlen zu holen. Da sah er den Teufel des Weges daherkommen. Der Schmied dachte sich: »Jetzt kann ich ihm nicht mehr aus!« Schnell nahm er ein altes Bettelweib, das Holz sammelte, auf den Rücken. Als der Teufel näher kam und sah, daß er etwas auf dem Rücken trage, glaubte er, es sei wieder ein Amboß und fuhr, so schnell er konnte, zur Hölle hinunter.«

Wie es heißt, soll das Loch noch heute zu sehen sein.

Die versunkene Stadt im Simssee

Im drittgrößten See zwischen Inn und Salzach, im Simssee bei Rosenheim, soll einst eine Stadt versunken sein. Die Sage weiß aber nichts mehr über den Namen der Stadt zu berichten, noch warum sie dieses Schicksal erleiden mußte.

Der unheimliche Kamerad

Ein junger Knecht, der auf einem Bauernhof bei Vogtareuth am Inn in Dienst stand, war ganz und gar dem Spielteufel verfallen. Wohl arbeitete er untertags fleißig und verrichtete alles, was ihm der Bauer anschaffte, sowie aber der Feierabend kam, ging er schnurstracks ins Wirtshaus und spielte dort mit einigen gleichgesinnten Kumpanen so lange Karten, bis die Uhr Mitternacht schlug, und das Gasthaus geschlossen wurde. Auch am Sonntag brachte er jede freie Minute beim Kartenspiel zu und ließ sich kaum je einmal in der Kirche blicken.

Eines Abends spielte er wie üblich mit seinen Freunden seit Stunden Karten. Doch schien es, als hätte sich diesmal alles gegen ihn verschworen. Er konnte kein einziges Spiel gewinnen, auch wenn er gute Karten hatte, verlor er.

»Hör' auf«, mahnte ihn einer, der es gut mit ihm meinte, »du hast schon alles verspielt, was du besitzt. Es hat doch keinen Sinn mehr, weiterzumachen. Willst du am End' deine Seele verspielen?« Aber der Knecht hörte nicht auf ihn. Die Spielleidenschaft hatte ihn fest in ihren Klauen.

»Das Glück muß sich doch einmal wieder wenden«, antwortete er verbissen, »ich kann doch nicht ewig verlieren!«

Er spielte wie besessen weiter und verlor und verlor. Als es Mitternacht schlug, hatte er all sein Hab und Gut, ja sogar seinen zukünftigen Lohn vertan. Er besaß nur noch die Kleider, die er auf dem Leib trug, sonst hatte er nichts mehr. Wie betäubt und mit einem Schlag ernüchtert, erhob er sich und wankte in die Nacht hinaus.

»Nun bin ich bettelarm«, kam es ihm mit jähem Erschrecken zum Bewußtsein. »Was soll ich nur tun?«

Wie er so in tiefster Verzweiflung dahinschritt, ohne zu merken, wohin er ging, trat ihm plötzlich ein Fremder in den Weg. Dieser war sehr groß, wirkte aber irgendwie schiefgewachsen, obwohl man nicht sagen konnte, warum. Er war in einen langen dunklen Umhang gehüllt, der seine Gestalt fast gänzlich verbarg. Ein breitkrempiger Hut mit einer langen Spielhahnsfeder beschattete sein Gesicht, so daß dessen Züge nicht zu erkennen waren.

»He, Kamerad«, rief er den Knecht an, und seine Stimme hatte einen so eigenartig meckernden Klang, daß der Bursche sich eines plötzlichen unguten Gefühls, das ihn beschlich und vor dem Fremden warnte, nicht erwehren konnte. Der aber fragte weiter: »Was schlurfst du so trübsinnig durch die Gegend, als hätten dir die Hühner das Futter weggefressen?«

»Hab' mein ganzes Hab und Gut beim Spiel verloren«, antwortete der Knecht mürrisch, »da tät'st du auch nicht vor Freude springen!«

»Hör' zu«, raunte ihm da der andere geheimnisvoll zu, »ich kann dir helfen. Wenn du mein Kamerad sein willst, dann werde ich dir beim Spiel helfen, wann immer du mich brauchst. Du mußt nur rufen: ›Kamerad hilf‹. Wirst sehen, wenn du's mit mir hältst, wirst du kein Spiel mehr verlieren!«

»Mir soll's recht sein, ich will's mit dir halten«, meinte der Knecht und schlug in die ihm dargebotene Hand ein.

Im selben Augenblick war der seltsame Fremde verschwunden. Verwundert starrte der Knecht noch eine Weile in die Nacht, konnte ihn aber nirgends entdecken. Schließlich ging er – durch das Versprechen des Unbekannten etwas getröstet – zum Hof seines Bauern zurück.

Und der mit der Spielhahnsfeder hatte nicht gelogen. Von nun an war das Glück im Spiel dem Knecht treu. Er brauchte nur leise »Kamerad hilf« zu rufen, schon wendete sich auch bei einem scheinbar aussichtslosen Spielstand das Blatt zu seinen Gunsten, und er gewann.

Bald war sein Kartenglück überall sprichwörtlich, und er brachte viel Geld damit zusammen. Nach kurzer Zeit war er ein reicher Mann und wurde von Tag zu Tag reicher. Niemals mehr aber sah man ihn in die Kirche gehen oder auch nur ein kleines Gebet sprechen.

»Derlei Humbug ist nichts für mich!« lachte er nur verächtlich, wenn er daraufhin angesprochen wurde.

So vergingen viele Jahre, in denen er immer mehr dem Spielteufel verfiel. Bald war er nur noch im Wirtshaus anzutreffen, wo er von früh bis in die späte Nacht spielte. Eines Nachts kehrte er betrunken, aber die Taschen voller Geld, nach Hause zurück und wollte sich gerade in sein Bett legen, als mit einem Mal laut an sein Kammerfenster geklopft wurde. Schon wollte

er öffnen, da erblickte er davor das durch ein hämisches Grinsen verzerrte Gesicht, des Fremden mit der Spielhahnsfeder, der ihm zu seinem Kartenglück verholfen hatte. Der sah ihn aus einem rußgeschwärzten Gesicht mit Augen wie glühende Kohlen, an und forderte mit gebieterischer Stimme:

»Mach' mir auf, Kamerad, und unterschreibe hier mit deinem Blut!« Dabei schwenkte er sein Blatt Papier, auf dem ein Kontrakt aufgesetzt war. Der Mann wurde vor Entsetzen leichenblaß, und seine Knie begannen zu zittern. Ein namenloses Grauen, wie er es noch nie gekannt hatte, befiel ihn und hielt ihn mit eisigen Fingern umkrallt.

»Gott im Himmel, hilf mir!« flehte er mit bebenden Lippen, wandte sich um und lief zum Herrgottswinkel, wo er sich unter dem Kreuz verkroch.

Er betete, wie er noch nie gebetet hatte, bereute aufrichtig seinen schändlichen Lebenswandel und gelobte Besserung. Als er es nach langer Zeit wagte, wieder zum Fenster zu blicken, war der unheimliche Fremde verschwunden. Da wußte er, daß er noch einmal davongekommen war.

Von Stund an begann er ein anderes Leben. Obwohl er genügend Geld besaß, arbeitete er nun von früh bis abends fleißig. Jeden Sonntag ging er in die Kirche. Im Wirtshaus aber ließ er sich nie mehr blicken und rührte auch seiner Lebtag keine Spielkarte mehr an.

Das seltsame Klagen in Vogtareuth

Es ist schon bald zweihundert Jahre her, da war in Vogtareuth an einem Allerseelentag ein sonderbares Seufzen und Klagen aus der Luft her zu vernehmen. Alle, die es hörten, bekamen Angst, weil sie sich nicht erklären konnten, was es mit den unheimlichen Geräuschen auf sich hatte und wodurch die ausgelöst wurden. Nur eine alte Frau aus Vogtareuth, die Stephanmutter, wußte Rat. Sie ließ vom Pfarrer des Ortes eine hl. Messe für die Armen Seelen lesen. Wie es heißt, war von Stund an wieder Ruhe, und die unheimlichen Geräusche wurden nicht mehr gehört.

Wie ein Vogtareuther den Teufel besiegte

Die Sage von einem Bauern aus Vogtareuth, der ein schreckliches Erlebnis mit dem Teufel zu bestehen hatte, wurde 1930 in »Das bayerische Inn-Oberland« berichtet:
»Ein Bauer hörte in seinem Keller das Hämmern eines Schmiedes. Schließlich wurde es ihm zu dumm; er schaute nach, was es zu bedeuten hätte. Zu seinem Erstaunen sah er einen Teufel auf einem Geldsack sitzen. Der Bauer fragte: »Was machst du da?«
Der Teufel antwortete: › In Zaisering ist ein Schloß. Wenn du dahin läufst und in einer Stunde zurück bist, gehört dieser Sack Geld dir! Wenn nicht, mußt du mir deine Seele geben! ‹ Der Bauer rannte, was er konnte, und in der letzten Sekunde kam er in den Keller zurück. Der Sack gehörte dem Bauern, und der Teufel fuhr voll Wut in die Hölle zurück.«

Vom Knecht, den der Teufel holte

Nicht soviel Glück wie der Bauer aus Vogtareuth soll der Sage nach ein Knecht aus dem gleichen Ort gehabt haben. In dem Buch »Bayerische Stammeskunde« von Friedrich Lüers (Hrsg.) wird erzählt:

»Vor vielen Jahren war beim Wagner Leiminger in Vogtareuth ein Knecht, der nie in die Kirche ging und nie betete. Da hatten sie beim Leiminger wieder einmal gedroschen und gingen nach der Arbeit zum Essen. Wie sonst auch beteten sie das Tischgebet, aber der Knecht war draußen geblieben. Da schickte der Leiminger den Buben hinaus, damit er den Knecht hereinhole, aber der war nirgends zu finden. Man suchte ihn in seiner Schlafkammer, aber auch da war er nicht. Schließlich fanden sie ihn unter dem gedroschenen Stroh, wo er tot dalag. Als sie ihn umdrehten, sahen sie, daß jedes Rückgratglied gebrochen und der ganze Körper schwarz war. Da erkannten sie, daß ihn der Teufel geholt hatte.«

Der Fuhrmann und die Arme Seele

Einst sollte ein Fuhrmann Weinfässer zum Vogtareuther Schloß bringen, die der dortige Vogt bestellt hatte. Es war bereits dunkel, als er merkte, daß ein Faß undicht war und der Wein daraus auslief. Er hielt an, um zu schauen, ob er den Schaden beheben könne. Aber es war zu finster, so daß er nicht feststellen konnte, aus welchem der Fässer das kostbare Naß rann. Er wollte schon zu schimpfen anfangen, denn er fürchtete, den Verlust aus eigener Tasche zahlen zu müssen, als mit einem Mal ein helles Licht neben ihm aufstrahlte. Ohne sich darum zu kümmern oder darüber nachzudenken, woher dieses so plötzlich gekommen war, machte er sich gleich daran, das beschädigte Faß zu suchen und abzudichten. Als er damit endlich fertig war, wischte er sich aufatmend den Schweiß von der Stirne und sagte: »Vergelt's Gott, für deine Hilfe!«

Er schaute sich um und sah, daß niemand das Licht hielt, sondern daß es frei in der Luft schwebte, und eine wesenlose Stimme hauchte als Antwort: »Nun hast du mich durch deinen Dank aus dem Fegfeuer erlöst!«

Ehe der Fuhrmann noch etwas sagen konnte, waren Licht und Stimme verschwunden, und es herrschte Finsternis wie zuvor.

Der Pfarrer, der umgehen mußte

Ein Pfarrer, der in der Gegend von Griesstätt seine Pfarrei hatte, soll einst sehr nachlässig im Lesen von bestellten Messen gewesen sein. Wohl trug er sie in ein bestimmtes Buch ein, hielt sie jedoch oft nicht. Darum mußte er nach seinem Tod umgehen. Immer wieder sah man seinen Geist des Nachts zu dem Schrank wandeln, in dem das Buch mit den Messen aufbewahrt wurde, dieses herausnehmen, öffnen, darin lesen, es wieder schließen und zurückstellen und lautlos den Raum verlassen. Wie es heißt, wurde er erst durch einen Nachfolger erlöst, der die nicht gehaltenen Messen an seiner Statt las.

Vom Bockreiter und seiner Abwehr

Der Glaube an den Bockreiter – andernorts auch Bilwißschneider genannt – ist auch im Chiemgau sogar noch heute lebendig. Karl von Leoprechting schrieb 1855 darüber:

»Der Durchschnitt ... ist ein nach der Zwerch (= quer) durch Getreidefelder fortlaufender Schnitt, meistens einen Schuh breit, vermöge welchem die Halme mit den Egern ein bis zwei Schuh ob der Erden abgeschnitten werden. Die Aufgeklärten schreiben ein solches den Hasen und Rehen zu. Für die Hasen ist der Schnitt meistens zu hoch; von den Rehen konnte es eher angenommen werden, geschähe dieser Durchschnitt nicht auch in Gegenden, wo es keine Rehe und noch viel weniger Hirsche gibt, davon zu schweigen, daß sich zu niemalen derselben eine Fährte hätte blicken lassen. Es ist daher ein gewisser und gemeiner Glauben, daß diese Durchschnitte von Nachbarn, die sich deshalb mit dem bösen Feind verbündet haben, herrühren, und geschieht dies folgendergestalt. Der Bilwißschneider setzt sich auf den Teufel, welcher als schwarzer Bock erscheint, rückwärts, am linken Fuß ein scharfes Messer angeschnallt und reitet nun in der Zwerch von einem Eck des Getreideackers zum andern Eck, da wo allzeit die schönsten Garben stehn; und sucht man sich ganz große Ackerbreiten hiezu aus.«

Bei Schonstett soll einmal am Fronleichnamstag, als die Prozession durch die Felder zog, ein Bockreiter seinen Schnitt gemacht haben. Obwohl der geschädigte Bauer, der ständig eine schwarze Zipfelmütze über seinem Getreidefeld auf und niederwippen sah, gleich hinausging, kam er nicht mehr rechtzeitig, um das teuflische Werk zu verhindern. Es war schon geschehen.

Ein andermal – ebenfalls in Schonstett – geschah der

Durchschnitt am Sonntag während des Pfarrgottesdienstes. Hier — so heißt es — versuchten der Bauer, sein Bruder und noch ein dritter Mann, den Bockreiter zu erwischen, fanden sich jedoch, sie wußten nicht wie, plötzlich über und über weiß, so als wäre Kalk über sie gegossen worden, am Boden wieder. Von dem Bockreiter war nichts mehr zu sehen.

Ein Bauer, den die Leute Zeit seines Lebens verdächtigten, in der Gegend von Amerang den Bockreiter gemacht zu haben, soll als alter Mann ein grausiges Ende gefunden haben. Er arbeitete gerade auf dem Heuboden, als plötzlich ein heftiger Wind aufkam, der ihn hin- und herbeutelte, so daß es aussah, als würde er mit einem Unsichtbaren kämpfen. Schließlich wurde er von oben herabgestürzt und blieb am Boden unten tot liegen.

Im Getreidespeicher eines Bockreiters soll sich das Korn in so auffälliger Weise anhäufen, daß manchmal die Getreidekästen überlaufen. Das soll sich in Frabertsham ereignet haben, wo man den Bauern, der ein Bockreiter gewesen sein soll, einmal aus dem Wirtshaus holen mußte, weil in seiner Abwesenheit seine »Troadkästen« überliefen.

Abhilfe gegen Bockreiter soll das Besprechen des Feldes durch einen Priester, das Besprengen mit Dreikönigswasser oder Pfingsttaufwasser, das Einstecken von gesegneten Palmzweigen in alle vier Ecken des Feldes, das Halten eines Geißbockes auf dem Hof, ein Schuß, den der Bauer am Pfingsttag vor dem Aufgang der Sonne über seine Äcker abgeben muß, verschiedene Zaubersprüche und noch manch andere Dinge mehr bringen.

Das unheimliche Haus bei Weitmoos

Zwischen Griesstätt und Schonstett liegt der kleine Weiler Weitmoos. Unterhalb davon stand an dem Fußweg nach Schonstett einst ein kleines Häuschen, das beim »Krieger« hieß und in dem ein alter Mann wohnte. Nach seinem Tod war es dort nicht mehr geheuer. Wer vorüberging konnte laute Geräusche, wie wenn einer mit der Hand Häcksel aus Stroh macht, vernehmen, obwohl es, wie jeder wußte, seit langem leerstand.

Die Drud bei Griesstätt

Der Glaube an Druden, die bei Nacht Mensch und Tier Böses antun, war zu Beginn dieses Jahrhunderts noch weit verbreitet. In der Gegend von Griesstätt sollen nach dem ersten Weltkrieg bei einem Bauern die Pferde unter einer Drud zu leiden gehabt haben. Oft, so wird erzählt, sei es geschehen, daß er, wenn er am Morgen in den Stall gegangen sei, die Tiere mit ganz ineinander verflochtenen Mähnen und Schweifen vorgefunden habe und zudem völlig verschwitzt. Erst als zur Abwehr der Drud ein Besen umgekehrt, das heißt mit dem Stiel nach unten im Stall aufgestellt worden sei, hätte der Spuk ein Ende gehabt.

Schloß Warnbach

»Auf dem Schlosse Warnbach zwischen Griesstätt und Altenhohenau nächst am Inn wohnten drei Frauen, welche die Leute öfter weinen und klagen hörten«, berichtete Friedrich Panzer im Jahre 1854 nach einer mündlichen Überlieferung.

Das Kolumba-Jesulein von Altenhohenau

Im Kloster der Dominikanerinnen zu Altenhohenau am Inn steht das »Gnadenkindl«. Das ist eine geschnitzte Figur des Christkindes, das Trauben in der Hand hält und in kostbare Gewänder aus bestickter Seide gekleidet ist. 14 Paar Schuhe stehen in einem kleinen Schränkchen für das Gnadenkindl bereit. Der Legende nach soll nämlich früher das Gnadenkindl öfter mit zerrissenen Schuhen auf dem Altar gestanden sein, was die Nonnen nicht verstehen konnten, bis eines Nachts eine von ihnen das Kindl durch das Kloster wandeln und in jedes Zimmer schauen sah, was natürlich die abgewetzten und zerrissenen Sohlen der Schuhe erklärte.

Wahrscheinlich geht diese Legende auf die Zeit der Mystikerin Kolumba Weigl zurück, die im 18. Jahrhundert in dem Kloster gelebt hat und der das Christkind, wie es heißt, in schwermütigen Stunden neue Hoffnung schenkte.

Noch heute werden viele Wallfahrten zum »Kolumba-Jesulein« wie das Gnadenkindl auch genannt wird, unternommen.

Das Wildschwein und die Glocken

Beim Abbruch der Kapelle auf der Burg von Laiming bei Kerschdorf holte sich der »Moar« die Glocken und hängte sie, weil sie ihm gefielen, in seinem Bauernhof auf. Von da an rannte während des Angelusläuten längere Zeit hindurch immer ein Wildschwein um sein Haus.

Das Kreuz auf dem Inn bei Attel

»Im Elend« wird bis auf den heutigen Tag eine Stelle am Fuß der Erhebung, auf der das Benediktinerkloster von Attel erbaut ist, genannt. Dort steht auf den Grundmauern einer ehemaligen Wallfahrtskirche eine kleine Kapelle. Über das ehemalige Gotteshaus berichtete Alexander Schöppner im vorigen Jahrhundert folgende Legende:

»Das Kirchlein im Elend der Pfarrei Attel hat seinen Ursprung von einem heiligen Kruzifix, das nach glaubhafter Leute Aussage um das Jahr 1628 den Innstrom herabgeschwommen ist und sich in dem Archenwerk bei Kloster Attel gestellt hat, wo es dann der damalige Fischer in seine Zille gehoben und der Prälat Abt Konrad nach Wasserburg zum Renovieren zum Maler geschickt hat, bei dem es während der Kriegsläufe lange Zeit liegenblieb. Danach hat es das Kloster Anno 1645 gleich einer anderen Martersäule aufstellen lassen. Weil sich aber dann die Andacht dazu gemehrt hat, ist ihm zu Ehren die Kapelle erbaut und Anno 1658 vollendet worden. Der Ort, wo sie steht, hieß von alters her › im Elend ‹.«

Anderen Quellen zufolge soll das Kreuz innaufwärts geschwommen sein, wobei der Gekreuzigte ständig laut »oh Elend, oh Elend!« geseufzt habe. Die Nachricht von diesem Wunder habe sich wie ein Lauffeuer verbreitet, und so sei die Wallfahrt zu dem Ort entstanden.

Der Grenzsteinversetzer von Eiselfing

In allen Gegenden Bayerns erzählt man sich Sagen über Menschen, die ihr Geld und Gut auf unredliche Weise und zum Schaden ihrer Nachbarn durch das Versetzen von Grenzsteinen vermehrt hätten und zur Strafe dafür nach ihrem Tod umgehen müßten. So auch in einer Sage, die in »Heimat am Inn« 1931 erschien:

»Unweit Eiselfing war's. Da ist eine Wiese, auf der man alle Abende eine flehentlich jammernde Stimme hörte.
› Wo soll i ihn denn hintun? ... Wo soll i ihn denn hintun? ... ‹
Man erzählte, es handle sich um die Seele eines Bauern. Der habe zu Lebzeiten aus Habgier einen Grenzstein versetzt, um so seinen Grund zu vergrößern. Nun fände er im Grabe keine Ruhe, bis sich jemand seiner erbarme und ihn erlöse. Dem koste es aber sein eigen Leben.

Allenthalben mied man die Nähe des umheimlichen Ortes zur Nachtzeit. Einmal aber mußte ein Schneider mit seinem Gesellen und seinem Lehrbuben auf die Stör. Bis in die späte Nacht hinein hatten die drei gearbeitet. Um nun schnell heimzukommen, gingen sie über die Wiese. Zur Vorsicht mahnte der Meister eindringlichst seine Begleiter, der fragenden Stimme beileibe nicht zu antworten. Sie setzten sonst ihr Leben aufs Spiel. Kaum hatten die drei die Wiese betreten, da hörten sie bald hinter, bald vor, bald neben sich die bittend jammernde Stimme: ›Wo soll i ihn denn hintun? ... Wo soll i ihn denn hintun? ... ‹ Von Schaudern ergriffen, gingen sie fürbaß. Doch die flehende Stimme folgte ihnen auf dem Fuße ... ›Wo soll i ihn denn hintun? ... Wo soll i ihn denn hintun? ... ‹

Der Geselle nahm seinen ganzen Mut zusammen und sagte: ›Da, wo du ihn wegto hast, da tust ihn wieder hi‹.

Mit einem Schlag hörte der Spuk auf. Der Schneidergeselle aber, der sich das Herz nahm, die arme Seele zu erlösen, lag am siebenten Tage auf der Totenbahre.«

Der Grenzsteinversetzer von Schonstett

Auch in dem nahegelegenen Ort Schonstett soll lange Zeit solch ein unseliger Geist umgegangen sein. Da begegnete ihm eines Nachts ein Mann, der gerade aus dem Wirtshaus kam und durch den dortigen Biergenuß die nötige Furchtlosigkeit für das Zusammentreffen mit Gespenstern hatte. Auf die jammervolle Frage des Grenzsteinversetzers, wo er den Stein denn hintun müßte, antwortete er kurz angebunden: »Dahin, wo du ihn weggenommen hast!« Von Stund an, so heißt es, sei der Grenzsteinversetzer verschwunden gewesen und man habe nie mehr von ihm gehört.

Der Bauer und die Kröte

In der Gegend von Eiselfing starb einmal eine Bäuerin, die zu ihren Lebzeiten eine recht böse Frau gewesen war und Mann und Kindern das Leben schwer gemacht hatte. Einige Zeit später, als der Bauer gerade auf einem Feld beim Ackern war, bemerkte er, daß ihm eine dicke, häßliche Kröte ständig nachhüpfte. Er versuchte, das lästige Tier zu verscheuchen, aber obwohl er es mit Erde bewarf und sogar nach ihm schlug, gelang es ihm nicht. Hartnäckig und unbeirrbar verfolgte es ihn. Da wurde es dem Mann unheimlich zumute.

»Das ist keine gewöhnliche Kröte«, fuhr es ihm durch den Sinn. Er ließ das Ackern sein und führte sein Pferdegespann rasch nach Hause. Die Kröte jedoch ließ nicht von ihm ab. Sie kam hinter ihm her, hüpfte sogar zur Haustüre herein, bevor er sie ihr vor der Nase zuschlagen konnte, und dann die Treppe hinauf bis in die Schlafkammer der verstorbenen Frau. Nun kamen alle Hausbewohner zusammen und beobachteten erschrocken den ungebetenen Eindringling. Da fing das Tier plötzlich mit menschlicher Stimme zu reden an, beschimpfte alle und hielt ihnen vor, wie schlecht es von ihnen zu seinen Lebzeiten behandelt worden sei. Sodann ließ es sich bequem nieder und machte keinerlei Anstalten, das Haus je wieder zu verlassen.

Die Leute wußten nicht, wie sie das unheimliche Tier, das sich durch nichts verjagen ließ, wieder loswerden könnten und baten den Pfarrer um Rat. Der aber meinte, in solch einem Fall könne er nicht helfen. Da wandten sie sich verzweifelt an einen anderen Geistlichen in einem entfernt gelegenen Kloster.

Der erklärte sich bereit, sich der Sache anzunehmen, und machte sich auf den Weg nach Eiselfing. Im gleichen Augenblick, da er zusagte, fing die Kröte zuhause zu weinen an und erklärte, diesem Priester würde es gelingen, sie zu vertreiben. Und so war es auch.

Der unheimliche Hund beim Eiselfinger Friedhof

Einst starb beim »Hamberger« in Eiselfing nahe Wasserburg eine alte Frau ohne die hl. Sterbesakramente empfangen zu haben. Einige Leute aus dem Ort, die auf dem Heimweg von der Totenwache bei ihr waren, hatten damals ein sonderbares, furchteinflößendes Erlebnis. Als sie gerade am Friedhof vorbeikamen, sahen sie dort plötzlich einen riesenhaften schwarzen Hund mit glühenden Augen, der langsam die Treppe, die zum Friedhof hinaufführte, herabkam. Erschrocken blieben die Leute stehen. Da kratzte das unheimliche Tier in einer bestimmten Weise mit seinen Pranken auf der Erde, drehte sich dann um und ging die Stufen wieder hinauf, um daraufhin im Friedhof zu verschwinden. Die Leute, die erst wie gelähmt dagestanden waren, rannten nun so schnell sie konnten heim und fühlten sich erst vor dem schwarzen Hund sicher, als sie die Haustüre hinter sich fest zugemacht hatten.

Der Hund im Hafenhamer Wald

Einst hatte ein Mann, der durch den Hafenhamer Wald gehen wollte, dort ein mehr als ungewöhnliches Erlebnis. Er hatte den Wald gerade erst betreten, als ein riesiger schwarzer Hund mit seltsam glühenden Augen auf ihn zugerannt kam, ihm zwischen den Beinen hindurch lief und ihn dadurch auf seinen Rücken nahm. Daraufhin raste er mit ihm durch den ganzen Wald. Der Mann erschrak wohl im Augenblick, faßte sich aber bald wieder, denn er war sehr mutig, und hielt sich am Hals des Hundes fest, um nicht herabzufallen. Als er mit seinem merkwürdigen Reittier am anderen Ende des Waldes, wohin er ohnehin gewollt hatte, angekommen war, blieb der Hund stehen. Der Mann stieg von seinem Rücken herab und sagte: »Vielen Dank dafür, daß du mich durch den Wald getragen hast.« Da stieß das unheimliche Tier einen langen Seufzer der Erleichterung aus, so, als sei mit einem Mal eine schwere Last von ihm genommen, und erwiderte voller Freude:
»Nun hast du mich erlöst.« Sprach's und war verschwunden. Die Leute, denen der Mann sein merkwürdiges Erlebnis erzählte, vermuteten, daß es sich bei dem Hund um eine unerlöste Seele vom Pestfriedhof gehandelt habe.

In dieser Sage, wie auch in den beiden vorangegangenen, spiegelt sich der vielerorts verbreitete Glaube, daß manche Verstorbene in Gestalt eines Tieres wieder auf die Erde kommen müßten, weil sie beim Sterben nicht die rechte Glaubensgesinnung gehabt hätten, sich zu Lebzeiten mit höllischen Mächten eingelassen hätten oder eines unzeitigen, gewaltsamen Todes, beispielsweise durch Mord, gestorben seien.

Der Wilderer und das Teufelsreh

Jeden Sonntag, wenn die anderen Leute des Dorfes in der Kirche beim Gottesdienst waren, schlich sich einst der »Kastl Michi« von Hafenham mit seinem Gewehr hinaus in den Wald zum Wildern. Als er wieder einmal diesem unheiligen Geschäft nachging und sich gerade auf einen Baumstumpf gesetzt hatte, sah er plötzlich vor sich ein Reh stehen, das ihn unverwandt und ganz starr anblickte. Das war so eigenartig, daß er es nicht wagte, zu schießen. Zu seinem nicht geringen Schrecken näherte sich daraufhin das seltsame Tier so weit, bis es schließlich unmittelbar vor ihm war. Dann senkte es seinen Kopf und leckte ihm die Füße. Nun hielt es den Michi nicht länger. Von einer nie gekannten Angst gepackt, sprang er auf und rannte, so schnell er konnte, nach Hause, nur weg von dem Teufelsreh.

Seit diesem Erlebnis konnte er keine Nacht mehr ruhig schlafen. Immer, wenn er nach dem Betläuten zu Bett ging, war es ihm, als säßen in allen Ecken und Winkeln seiner Kammer Teufel und böse Geister, von denen er glaubte, daß sie das unheimliche Reh im Wald auf ihn gehetzt habe. Wenn er dann doch in einen unruhigen Schlummer fiel, so sprangen sie auf sein Bett, setzten sich auf seine Brust und drückten ihm die Luft ab. Dann erwachte er, am ganzen Körper schweißgebadet, und schlug verzweifelt um sich, um die dämonischen Gestalten zu vertreiben.

So ging das Nacht für Nacht über eine längere Zeit. Als die anderen Hausbewohner, die ihm seine Geschichte mit den Teufeln nicht recht geglaubt hatten, feststellen mußten, daß der Michi mit jedem Tag schlechter ausschaute, ließen sie einen Teufelsaustreiber kommen. Diesem gelang es schließlich, so wird weiter berichtet, den bösen Spuk zu vertreiben, so daß der Michi endlich wieder in Ruhe schlafen konnte.

Ob er auch künftig am Sonntag statt in die Kirche zum Wildern ging, darüber wird nichts erzählt.

Die Drachen über Wasserburg

In früheren Zeiten, so heißt es, seien oftmals Drachen über die Gegend von Wasserburg geflogen. Sie seien so lang wie Wiesbäume gewesen und aus ihren Mäulern wäre todbringendes Feuer geschlagen. Wer davon getroffen worden sei, der sei auf der Stelle gestorben.

Die Wahrzeichen von Wasserburg

Über die Entstehung der Wahrzeichen von Wasserburg gibt Mitte des vorigen Jahrhunderts Alexander Schöppner nach Notizen von Jos. Heiserer folgende Auskunft:

»Graf Engelbert war von einer harten Fehde zurückgekehrt. Er hatte seines eigenen Vaters (Arnolds von Dießen) Bruder, den unruhigen Rocke, im siegreichen Kampf getötet. Land und Leute hatten jetzt Ruhe, aber das Gewissen des Grafen wurde zuweilen von dem Gedanken, einen Blutsverwandten er-

mordet zu haben, geängstigt. Der Graf gedachte ein gottgefälliges, frommes Werk der Versöhnung. Da kam ein Anliegen des benachbarten Prälaten von Attel zu rechter Zeit und fand williges Gehör. Nächst dem Kloster Attel erhob sich das Schloß Lymburg, daneben lag der zahlreich bevölkerte Burgflecken gleichen Namens. Das war wohl für die Klosterbewohner eine beschwerliche und unruhige Nachbarschaft. Bald waren sie durch das Leben im Dorf, bald durch das Lärmen und Zechen auf dem Schloß in der Stille ihres beschaulichen Lebens gestört.

Nun kam der Graf auf den Gedanken, das Kloster von seiner lästigen Umgebung zu befreien, den Lymburgern aber zugleich Vorteile und Rechte der Bürger von Wasserburg zu gewähren. Rasch ging er ans Werk. In kurzer Zeit war die Feste Lymburg gebrochen; danach riß man die Häuser des Dorfes nieder und versetzte sie in den Burgfrieden der Stadt, so daß die Lymburger in Wasserburger umgewandelt waren. Um dieses Werk aber zu krönen und die Vereinigung der Gemeinden durch ein Denkmal zu verewigen, ließ der Graf die zwei Kirchen unter einem Dach aufrichten. Die Bäcker haben danach auch das Ihrige getan und die bekannten übereinandergebackenen Kreuzersemmeln gebacken. Die Doppelkirche und dieses Brot – auch in Stein an der Kirche abgebildet – sind seit dieser Zeit die Wahrzeichen der Stadt Wasserburg.«

Die beiden Baumeister von Wasserburg

In den Jahren 1457-59 wurde das heutige Rathaus von Wasserburg anstelle des alten, wie es heißt um 1250 entstandenen Baues, errichtet. Über die Entstehung des alten Rathauses überlieferte Alexander Schöpper Mitte des vorigen Jahrhunderts diese Sage:
»Zu Wasserburg sollten zu gleicher Zeit eine Kirche und ein Rathaus erbaut werden. Also berief man Steinmetzen und Bauleute zuhauf und trug den Meistern auf, des Geschäftes nicht zu säumen. Es waren aber zwei wackere Steinmetzen, Hans und Stefan mit Namen, die hatten das Werk übernommen, so daß der ältere, Hans, den Bau der Kirche, der jüngere, Stefan, den Bau des Rathauses zu führen hatte. Beide waren wohlerfahren in ihrer Kunst, sie waren auch in Welschland und sonst mitsammen bei manchem herrlichen Werk tätig gewesen. Nun führte sie die Vorsehung abermals zusammen; das erkannten sie freudig und reichten sich die Hand zu treuer Freundschaft und schworen einander, ohne Haß und Eifersucht als gute Brüder zusammenzuhelfen. Weil aber jegliches Werk seinen Lohn will, wenn es guten Fortgang und rechtes Gedeihen haben soll, so wurde demjenigen ein Preis zugesprochen, der von beiden zuerst sein Werk − jedoch untadelig und würdig − vollendet hätte.
Wollt ihr wissen, was das für ein Preis gewesen? Wohl ein sonderlicher Preis; nicht von Gold und Silber noch eine Ehrenbezeugung, sondern eine Perle, kostbarer als all dies − des Bürgermeisters schönes, holdseliges Töchterlein. Es war eine liebreizende Jungfrau, edel von Gemüt, reich an väterlichem Gut, jedoch reicher an Tugenden. Die beiden Steinmetzen hatten zu gleicher Zeit ihre Augen auf das Mägdlein geworfen; dem Vater war's nicht verborgen geblieben. Weil aber beide

rechtschaffene und kunstfertige Leute waren, wollte der Bürgermeister nichts dagegen haben, wenn sein Töchterlein den einen oder den anderen zum Bräutigam bekäme; er versprach also demjenigen die Braut, der zuerst mit seinem Bau fertig würde. Nun war aber das Bräutlein selber nicht befragt worden; die hatte in ihrem Herzen für den jüngeren Stefan entschieden. Das Glück fügte es auch, daß Stefan zuerst mit dem Bau fertig wurde. Noch fehlte die Spitze des Kirchturms, da stand das Rathaus vollendet da. Der Wettstreit war entschieden; Stefan sollte die schöne und reiche Tochter des Bürgermeisters als Braut heimführen. Das war wohl eine harte Freundschaftsprobe. Hans trug sein Schicksal ohne Neid und Groll, dem Freund ergeben wie zuvor.

Aber das konnte Stefan nicht mit ansehen. Es war ihm nicht wohl dabei, im Glück zu sitzen, während sein Freund unglücklich war. So ging er traurig und mißmutig umher und dachte bei sich, wie er den Jammer loswerden könnte.

Eines Tages war er verschwunden; in seiner Stube fand sich statt seiner sein steinernes Bild, dazu eine Schrift, in der er Braut und Freund den letzten Gruß gab, auch seinen Entschluß kundmachte, in ein fernes Kloster zu ziehen. – Ob Hans die verlassene Braut heimgeführt hat, davon schweigt die Sage, aber das Bildnis des treuen Stefan ist bis auf den heutigen Tag im Rathaus zu Wasserburg aufbewahrt.

Die Jakobskirche zu Wasserburg

Die Gründung der Stadtpfarrkirche St. Jakob von Wasserburg, die nach 1410 erbaut wurde, soll der Legende nach auf eine Begebenheit zurückgehen, die Alexander Schöppner so darstellte:

»Graf Konrad gedachte zur Abbüßung seiner Sünden in das Gelobte Land wider die Ungläubigen zu ziehen. Er hatte aber eine jugendliche und edle Frau, Kunigunde, der blutete das Herz bei dem Gedanken, ihren Herrn und Gemahl von sich scheiden und vielleicht nie wiederkommen zu sehen. In solcher Bedrängnis des Herzens wandte sich die Gräfin zur Mutter des Herrn mit der innigsten Bitte, es möge der Sinn ihres Herrn und Gemahls von dem gefaßten Vorhaben abgelenkt werden. Wenn dies geschehe, wolle sie zum Dank eine schöne Kirche in Wasserburg bauen.

Das Flehen der Gräfin fand Erhörung, Konrad änderte seinen Sinn und zog nicht nach Palästina. Nun ließ Kunigunde treu ihrem Gelöbnis berühmte Baumeister verschreiben, die mußten ihr Pläne vorlegen und bald den Anfang machen, einen stattlichen Bau ins Werk zu führen. So erhob sich dann die Kirche herrlich und schön, eine Zierde Wasserburgs.

Aber der Graf war unterdessen in Fehden verwickelt worden. Er wurde besiegt und mußte nach Ungarn flüchten. Das war ein furchtbarer Schlag für Kunigunde. Ihr Haus sank in Armut; wie wollte sie noch ihr Gelübde erfüllen und den Bau zu Ende führen? Da faßte sie einen heldenmütigen Entschluß, setzte sich als Bettlerin des Herrn vor die Tür des Gotteshauses und sprach alle Eintretenden um ein Almosen für den Kirchenbau an. Wie die Wasserburger ihre edle Frau und Herrin so tief erniedrigt und gebeugt sitzen sahen, wurden sie tief im Herzen gerührt und brachten reichliches Opfer. Jung und alt kam mit vollen Händen, auch die Ärmsten wollten nicht zurückbleiben und trugen ihr Scherflein bei. So stieg der Riesenbau, rascher als man geglaubt hatte, empor; bald war nichts mehr als das Achteck des Turms zu bauen übrig; da sollte die gute Gräfin von hinnen scheiden und nicht mehr die Freude erleben, beim Fest der Kirchenweihe zugegen zu sein.

Bis heute ist der Turm unvollendet geblieben; nur ein Notdach schützt ihn vor Sturm und Wetter. Werden die heutigen Wasserburger nicht vollenden, was ihre Vorfahren mit so rühmlichem Eifer ins Werk gesetzt haben?«

Der Geist des Soldaten

In Wasserburg soll in einem Haus, in dem während des 2. Weltkrieges ein Lazarett war, noch in jüngster Zeit der Geist eines Soldaten aus dem genannten Krieg umgegangen sein. Mehrere Leute, die zu verschiedenen Zeiten in einem bestimmten Zimmer des Gebäudes übernachtet hatten, berichteten anschließend übereinstimmend von einer gespenstischen Gestalt, die sie dort gesehen hatten. Es sei ein Mann mit einem Gewehr, in völlig zerfetzter Uniform und über und über voller Blut gewesen.

Die wilde Jagd am Inn

Aus vielen Orten des Chiemgaues gibt es Erzählungen über die wilde Jagd, auch »Weltgschroa«, »Nachtgjoad« oder »Nachtgload« genannt. In »Heimat am Inn« steht darüber geschrieben:

»Den Inn hinunter ging früher oft die wilde Schiffahrt und das wilde Gejaid (wilde Jagd). Wenn nachts das wilde Gejaid kam und es war jemand im Freien, so mußte er sich sofort auf den Rücken legen und die Hände über der Brust kreuzen, sonst wurde er mitgenommen. Einen jungen Buben führte das wilde Gejaid einmal fort, und zwar so weit, daß er alt und grau wurde, bis er seine Heimat wieder erreichte.«

Auch in den Wäldern um Schnaitsee soll oft die wilde Jagd ihr Unwesen getrieben haben. Wie es heißt, wollte der wilde Jäger dort den Knecht des Jackerbauern, der trotz der gefährlichen Sturmnacht unterwegs war, weil er einen Arzt für den kranken Bauern holen wollte, zwingen, ihm seine Seele zu verschreiben. Der kluge Bursche jedoch unterzeichnete den höllischen Vertrag statt mit seinem Namen mit den Worten »Maria Hilf«, wodurch er gerettet wurde.

Das seltsame Pulver im Butterfaß

In der Gegend von Harpfing bei Kirchstätt war einmal ein Schneider bei einem Bauern auf der Stör. Er saß in der Küche und nähte fleißig an einem neuen Sonntagsgewand für die Bäuerin. Als er kurz von seiner Arbeit aufblickte, konnte er zufällig beobachten, wie die Frau ganz verstohlen ein gelbliches Pulver in das Pulverfaß streute. Er wunderte sich zwar, tat aber so, als hätte er nichts gesehen. Als die Bäuerin fertig war, hatte sie zu seinem Erstaunen eine bedeutend größere Menge Butter, wie normalerweise aus einem Faß dieser Größe zu erhalten war, bekommen.

»Das muß ein ganz besonders gutes Pulver sein«, dachte er bei sich, »das will ich auch einmal versuchen!«

Er hatte sich genau gemerkt, wohin die Frau das Pulver gestellt hatte, um sich bei Gelegenheit etwas davon zu holen. Als sie einmal für kurze Zeit in den Stall hinausging, sprang er rasch auf, nahm das Gefäß mit dem gelben Pulver und schüttete ein wenig von dem Inhalt in eine kleine Büchse, in der er sonst Nadeln aufbewahrte. Dann eilte er an den Tisch zurück, nahm hastig das halbfertige Kleidungsstück in die Hand und nähte daran weiter, als wäre nichts geschehen. Als die Bäuerin gleich darauf wieder hereinkam, bemerkte sie zu seiner Erleichterung nichts.

Der Schneider konnte es kaum erwarten, bis er mit seiner Arbeit fertig war und heimgehen konnte. Zu Hause erprobte er die Wirkung des geheimnisvollen Pulvers sofort in seinem eigenen Butterfaß. Und tatsächlich, er erhielt fast doppelt so viel Butter wie sonst. Da freute er sich sehr und überlegte hin und her, wie er die Bäuerin fragen könnte, woher sie das Pulver bezog, ohne seinen Diebstahl gestehen zu müssen. Er konnte sich aber nicht lange darüber den Kopf zerbrechen, denn er wurde bald darauf zu einem anderen Bauernhof gerufen, wo man viel Arbeit für ihn hatte.

Also packte er seine Sachen zusammen und machte sich auf den Weg zu seinem neuen Arbeitgeber. Um dorthin zu kommen, mußte er durch ein Stück Waldes gehen, wo die Bäume so dicht standen, daß es auch am hellen Tag geradezu finster war. An der dunkelsten Stelle trat ihm plötzlich ein großer schwarzgekleideter Mann in den Weg. Der Schneider, der ein schlauer Geselle war, erkannte trotz des tief ins Gesicht gezogenen Hutes, mit dem der andere seine Hörner zu verbergen suchte, und trotz des langen Mantels, mit dem er seinen Geißenfuß zudeckte, daß es sich um den Teufel höchstpersönlich handelte. Ein nie gekannter Schrecken fuhr ihm in alle Glieder und er rief hastig, wobei er abwehrend die Hände ausstreckte:

»Ich habe nichts zu schaffen mit Euch! Geht nur Eures Weges und laßt mich in Frieden ziehen!«

»Oho«, erwiderte der Höllenfürst und stieß ein meckerndes Lachen aus, »da bin ich anderer Meinung. Du benutzt doch so fleißig mein Pulver beim Buttern!«

Der Schneider erbleichte jählings, und kalte Furcht griff nach seinem Herzen. Er stotterte verstört:

»Ja scho-schon, a-aber ich ha-habe ni-nicht gewu-wußt, daß ...«

»Nun, das macht ja weiter nichts, daß du nicht gewußt hast, daß es mein Pulver war«, versuchte der Teufel ihn mit falscher Liebenswürdigkeit zu beruhigen, »ich bin viel besser als mein Ruf! Ich weiß nicht, warum ihr Menschen immer so schlecht von mir denkt und so Angst vor mir habt. Schau, ich will dir noch mehr von dem Pulver geben, denn deines ist ohnehin schon fast aufgebraucht.«

Er zog eine Dose aus der Tasche, die bis obenhin mit dem gelben Pulver gefüllt war.

»Nimm dir, so viel du willst«, forderte er den Schneider leutselig auf und seine Stimme triefte geradezu vor Scheinheiligkeit. »Du bist deiner Lebtag ein armer Schlucker gewesen, du verdienst es, endlich zu Reichtum zu kommen und ein besseres Leben führen zu können, als dir bei wildfremden Leuten mit langweiligen Näharbeiten die Finger wundstechen zu müssen!«

Erstaunt und verwirrt blickte der Schneider auf das Pulver, das ihm so verlockend angeboten wurde. Er wollte schon danach greifen, als der Teufel weiterredete:

»Allerdings wäre da vorher noch eine Kleinigkeit zu regeln, die aber meinen Freunden keine Mühe macht«, meinte er ganz beiläufig und hinterlistig, »natürlich müßtest du mir deine Seele verschreiben. Aber die brauchst du ohnehin nicht, wenn du reich bist, sie würde dich im Gegenteil nur stören!«

»Das tue ich nie und nimmer«, schrie da der Schneider entsetzt und bekreuzigte sich mehrmals, »lieber bleibe ich immer ein armer Mann!«

Und er zögerte nicht länger, nahm seine Beine in die Hand und lief, was er nur laufen konnte aus der bedrohlichen Nähe des Bösen davon.

»Du dummer Tölpel, du einfältiger Tropf!« brüllte der enttäuschte Teufel wütend hinter ihm her. »Dann bleib der arme Schlucker, der du bist! Du verdienst es nicht anders! Ich biete dir meine Hilfe nicht mehr an. Und das Pulver, das du dir gestohlen hast, soll dir auch nichts mehr nützen!«

Zornig, weil ihm wieder einmal eine Seele entgangen war, mit der er fest gerechnet hatte, stampfte er mit seinem Geißenfuß auf die Erde und fuhr dann unter widerlichem Schwefelgestank geradewegs in die Hölle zurück. Der Schneider aber war überglücklich, nochmals mit heiler Haut entkommen zu sein und verzichtete gerne auf das gelbe Pulver, das von Stund an tatsächlich keine Wirkung mehr zeigte.

Die Dohlen in der Kirche von Schnaitsee

Vor sehr langer Zeit wollten die Bewohner von Schnaitsee im Oberdorf eine Kirche bauen. Die Zimmerleute hatten schon angefangen, da hackte sich einer von ihnen mit dem Beil in das Bein. Er schrie vor Schmerzen laut auf, und sogleich eilten die anderen herbei, um ihm zu helfen und die Wunde zu verbinden.

Während die Arbeit aus diesem Grunde ruhte, kam mit einem Mal ein großer Schwarm Dohlen herbei und ließ sich auf der Baustelle nieder. Sodann nahm jeder Vogel einen Hobelspan in seinen Schnabel und flog damit an einen Platz, der etwas weiter in östlicher Richtung lag. Dort legten die Tiere die Späne fein säuberlich zu einem Häufchen zusammen und rauschten dann durch die Lüfte davon.

Die Leute sahen das voller Verwunderung und deuteten das ungewöhnliche Gebaren der Dohlen als einen Hinweis Gottes, daß ER die Kirche lieber an dem durch die Vögel bezeichneten Ort haben wolle. Darum verließen sie die alte Baustelle und errichteten das Gotteshaus dort, wo die Hobelspäne lagen.

Der Schatz der Räuber

Gegen Mitte und Ende des 18. Jahrhunderts verunsicherte eine Räuberbande, die sich in den Wäldern bei Schnaitsee und Harpfing verbarg, die ganze Gegend. Nichts war vor dem Gesindel, bei dem sich auch eine Frau und ein ehemaliger Gastwirt befunden haben sollen, sicher. Einsame Bauerngehöfte wurden ebenso überfallen und ausgeraubt wie nichtsahnende Reisende, die ohne Begleitschutz unterwegs waren.

Eines Tages aber konnten die Räuber in einem Haus in Öden gestellt werden und damit ihren Schandtaten ein Ende gesetzt werden. Der Sage nach sollen sie, als feststand, daß sie ihren Verfolgern nicht mehr entgehen konnten, weil ihr Schlupfwinkel völlig umzingelt war, die zusammengestohlenen Schätze in zwei feste Kisten verpackt und in dem Gebäude selbst oder nahe dabei vergraben haben.

Wohl wurde in späterer Zeit immer wieder nach dem verborgenen Schatz gesucht, manche Leute benutzten dabei sogar

Wünschelruten, mit deren Hilfe sie das kostbare Metall aufzuspüren hofften, aber es war bis auf den heutigen Tag vergebens.

Der tote Vater am Wegrand

Eine seltsame Geistergeschichte erlebte eine Frau aus Höslwang in unseren Tagen. Als sie einmal mit ihrem Mann zusammen im Auto fuhr, meinte sie plötzlich, am Straßenrand ihren Vater, an dem sie sehr hing, stehen zu sehen. Ihr Mann jedoch lachte sie aus, weil er nirgends einen Menschen erblicken konnte. Da glaubte sie schon, sich alles eingebildet zu haben, bis sie zuhause erfuhr, daß in der gleichen Stunde, in der sie die Gestalt ihres Vaters am Straßenrand erkannt hatte, dieser in Rosenheim gestorben war.

Die neun Überlebenden von Nöstlbach

Während des Dreißigjährigen Krieges wurden in Bayern viele Dörfer schwer heimgesucht. Nicht genug, daß durch Plünderungen, Brandschatzungen und Morde durch feindliche Soldaten viele Bewohner Habe oder Leben verloren, verheerende Seuchen wie Pest und Cholera rotteten zudem manche Ortschaften fast völlig aus.

An dem Bach, der durch Nöstlbach, ein kleines Dort zwischen Amerang, Pittenhart und Höslwang, fließt, stehen seit mehr als dreihundert Jahren neun tief in der Erde verankerte Steine. Wie es heißt, wurden sie von jenen neun Menschen, die in Nöstlbach den dreißigjährigen Krieg als einzige des ganzen Ortes überlebt hatten, zum mahnenden Gedenken für künftige Generationen gesetzt.

Der unterirdische Gang bei Amerang

Einst baute der Feichtlbauer von Mallerting einen neuen Stall. Als der Boden für die Fundamente ausgegraben wurde, stießen die Arbeiter plötzlich auf einen gemauerten Gang, in den sie, weil sie ihn mit ihren Grabgeräten beschädigt hatten, einbrachen. Wie es heißt, führt dieser unterirdische Gang von Schloß Amerang aus bis zum Hof des Feichtlbauern. Er soll ein geheimer Fluchtweg gewesen sein.

Wie Aindorf vor den Franzosen gerettet wurde

Zur Zeit der Franzosenkriege zu Beginn des 19. Jahrhunderts drangen schreckliche Nachrichten von Greueltaten und Plünderungen durch die feindlichen Soldaten in den kleinen Ort Aindorf, der zwischen Amerang und Pittenhart liegt. In ihrer Angst vor solch einem Schicksal legten die Einwohner das feierliche Versprechen ab, zu Ehren der Heiligsten Dreifaltigkeit und der Muttergottes eine Kapelle zu errichten, wenn ihr Dorf verschont bliebe.

Nicht lange danach wurden alle umliegenden Ortschaften von den Franzosen heimgesucht. Nur an Aindorf marschierten sie vorüber; sie fanden den Ort nämlich nicht, weil ein ungemein dichter Nebel, der sich ganz plötzlich aus den Wiesen erhoben hatte, das Dorf ihren Blicken entzog. So hatten die Aindorfer nicht unter Greueltaten der Soldaten zu leiden. Getreu ihrem Gelübde errichteten sie zwanzig Jahre später, so um 1820, die versprochene Kapelle.

Der Hottowa

Der Hottowa, auch Hottawa oder Hoberwa genannt, der — wie es heißt — noch heute auf dem Heinrichsberg, einem schönen Gut bei Pittenhart, umgeht, ist der Geist eines Pandurentambours aus der Zeit des Spanischen Erbfolgekrieges (1701–1714). Er spielt als teils schalkhafter, teils bösartiger Kobold in der Sagenwelt des Chiemgaues, vor allem in der Gegend um Seeon, Obing, Pittenhart und Amerang eine bedeutende Rolle. Darum soll an dieser Stelle die Sage über ihn, die 1854 von C. P. Berger (Näheres über den Verfasser brachten auch gründliche Nachforschungen des Rektors Otto Kögl aus Rosenheim nicht zutage) veröffentlicht wurde und welche die Grundlage aller anderen Geschichten über den Hottowa bildet, in voller Länge gebracht werden:

Der Pandurentambour Hottawa am Leipoltsbergerhof

(von C. P. Berger)

Wie in einem kleinen Paradiese lebte der Leipoltsberger Bauer (Pfarrei Pittenhart) mit seinem Weibe Anna, dem einzigen Sohne Paul, einem Knaben von dreizehn Jahren, und Traudchen, einem angenommenen Mädchen von neun Jahren. Letztere war der Bäuerin anverwandt und eine arme Doppelwaise. Diese vier, nebst einigen Knechten und Mägden, waren die Bewohner des großen Leipoltsberger Hofes. Traudchen war ein gar eigenes Geschöpf. Ein schöneres Kind war in der ganzen weiten Umgebung nicht zu sehen. Die großen blauen Augen schauten so recht lieb und mild aus dem blühenden Gesichtchen, und dabei konnte das kleine Ding wieder so ernst und gebieterisch dreinschauen, daß man Respekt davor bekam, besonders wenn es trotzig sein Köpfchen mit der reichen Fülle der blonden Locken schüttelte. Traudchen war auf jeden Fall die gelehrteste Person unter den Bewohnern dieses Anwesens sowie der umliegenden Höfe, denn sie konnte, was zu damaliger Zeit ein Wunder war, im neunten Jahre schon lesen und schreiben. Der greise Pfarrer zu Pittenhart, durch Kränklichkeit an seinen Sorgenstuhl gebannt, fand an den ganz eigenen Talenten der armen Waise so großes Wohlgefallen, daß sie in den besseren Jahreszeiten täglich zu ihm kommen durfte, wo er ihr (nicht nur in obigen Gegenständen, sondern auch im Rechnen und anderen nützlichen Gegenständen) Unterricht gab. Traudchen war bald so weit, daß sie hinwieder ihrem um vier Jahre älteren Vetter Paul als »Privatdozent« nachhelfen konnte. Paul war auch ein schöner starker Knabe, keck und klug, ohne jedoch in letzterer Eigenschaft seinem kleinen Bäschen gleichzukommen.

So standen die Sachen auf dem Leipoltsbergerhofe, als das für Bayern so unglückliche Jahr 1705 kam und die österreichischen Armeen das ganze Land überschwemmten. Vergebens erhoben sich die streitbaren Männer und Jünglinge, vergebens starben Tausende und abermals Tausende für ihr Vaterland. Die Übermacht der Feinde war zu groß. Immer neue Regimenter von wilden Ungarn, Panduren und anderen fremden Völkerschaften wurden den Aufgeriebenen nachgesandt, bis in der Schlacht von Sendling das letzte Häuflein der Bayern erlag und Todesruhe über das Land kam; die noch lebenden waffenfähigen Jünglinge wurden in die österreichischen Regimenter gesteckt und in fremde Länder geschickt, ganz Bayern war   So standen die Sachen auf dem Leipoltsbergerhofe, als das für Bayern so unglückliche Jahr 1705 kam und die österreichischen Armeen das ganze Land überschwemmten. Vergebens erhoben sich die streitbaren Männer und Jünglinge, vergebens starben Tausende und abermals Tausende für ihr Vaterland. Die Übermacht der Feinde war zu groß. Immer neue Regimenter von wilden Ungarn, Panduren und anderen fremden Völkerschaften wurden den Aufgeriebenen nachgesandt, bis in der Schlacht von Sendling das letzte Häuflein der Bayern erlag und Todesruhe über das Land kam; die noch lebenden waffenfähigen Jünglinge wurden in die österreichischen Regimenter gesteckt und in fremde Länder geschickt, ganz Bayern war militärisch besetzt. So legte man auch in das ehemalige Landgericht Kling, im heutigen Landkreis Wasserburg, Truppen von solch wilden Gesellen und quartierte sie in die Märkte, Dörfer und einzelnen Höfe, lauter große, starke Burschen mit sonnenverbrannten Gesichtern. Auf den glattgeschorenen Köpfen trugen sie hohe Pelzmützen und ein mächtiger Schnurrbart hing ihnen bis auf die Schultern und auch wohl noch tiefer herab, indessen das übrige Gesicht so glatt wie der Kopf geschoren war. Ein roter Mantel umwallte den ganzen

Körper. Die weite lange Hose wurde von einem breiten Ledergurt gehalten, in welchem ein paar Pistolen und ein langes breites Messer steckten. Wie man sagte, schnitten sie mit letzterem den verwundeten Feinden die Köpfe ab, wobei sie im gebrochenen Deutsch kauderwelschten: »Halt ruhig, tut nit weh, is bald vorbei!« und dergleichen tröstliche Versicherungen mehr; denn sie dienten ohne Sold und bekamen nur für jeden Feindeskopf eine gewisse Belohnung in Geld. Ob, und welche Religion diese Leute hatten, konnte aber niemand sagen. Sie besuchten wohl manchmal die Gotteshäuser, am liebsten des Nachts, wo dann immer die silbernen und goldenen Kirchengefäße mit ihnen verschwanden, sowie sie überhaupt alles, was nicht niet- und nagelfest war, als ihr Eigentum betrachteten. Am meisten setzte es in Verwunderung, daß selbst viele Gemeine Lateinisch verstanden und sprachen, was dadurch erklärt wurde, daß in ihrem fernen Vaterlande ehemals viele römische Kolonien waren.

Der Leipoltsberger Bauer bekam nun auch drei von diesen seltsamen Gesellen in das Quartier, zwei Gemeine und einen Tambour, welcher Hottowa hieß. Er war ein Kerl, schwarz wie ein Zigeuner. Sein Schnurrbart hing ihm bis auf den Gürtel herab, indes seine lichtgrauen Augen so stechend in die Runde streiften, als wollten sie Riegel und Rände nach verborgenen Schätzen durchbohren. »Bauer, Geld!« war ihr erster Gruß beim Eintritt über die Schwelle. Was wollte man machen, als ein süßes Gesicht zum sauren Spiel? Ein Säcklein blanker Frauentaler mit der Umschrift »Patrona Bavariae« stillte den ersten Gelddurst der drei bärtigen Kameraden.

Auf dem Leipoltsberger Hofe ging es nun hoch her, wie bei einer Kirchweih. Der Tisch mußte alle Tage und Stunden mit Gesottenem und Gebratenem besetzt sein und der Branntweinkrug durfte nicht leer werden. Wenn sie nicht mehr schlemmen konnten, stöberten sie zum Zeitvertreib alle Winkel des Gehöftes durch, und nichts war so gut verborgen, daß sie es nicht auffanden und als gute Beute in ihre Schnappsäcke steckten. Wenige Wochen waren verflossen, so krähte schon kein Hahn und gackerte keine Henne mehr auf dem Hofe. Die Gänse und Enten dienten den Panduren als Exerzitium zum Kopfabschneiden und wanderten dann den Weg alles Fleisches. Als die Nachricht vom Anzuge des bösen Feindes wie ein Lauffeuer durch das Land ging, vergrub der Leiboltsberger Bauer einen alten kupfernen Topf voll schöner und seltener Taler, halbe Gulden und Fünfzehner, nebst vielen raren Goldmünzen heimlich unter einem halb verfaulten Birnbaum, der etwas fern von dem Gehöfte an einem Zaun der Hauswiese stand. Er mochte der Ehrlichkeit seines Gesindes sowie der Geschwätzigkeit seines Weibes und der Kinder nicht ganz trauen, darum wählte er zu diesem Geschäft eine stockfinstere, stürmische Nacht, in welcher der Regen wie in Strömen vom Himmel herabgoß. Vieles im Hause hatten die Panduren bereits aufgestöbert. Die silbernen Florschnallen der Bäuerin, sowie die Westenknöpfe aus Fünfzehnern des Bauern waren in ihren Diebshänden nebst allem anderen Silberzeug – aber noch immer hatten sie den Topf unter dem alten Birnbaum nicht gefunden. Schon segnete der Leipoltsberger seinen Einfall, den Schatz außerhalb des Hauses verborgen zu haben und hoffte ihn für immer gerettet zu sehen, als er eines Nachmittags auf dem Anger arbeitend, die drei Kameraden aus der Haustüre kommen sah. Voran der Böseste der Bösen, der Tambour Hottowa, den seine Kameraden selbst den Teufel des Regiments nannten. Ging er seinen Spießgesellen auf dem Marsch mit der Trommel voran, so war er im Quartier nicht minder der Anführer in allen Spitzbübereien, nur daß er dann keine Trommel, sondern eine Haselnußrute, die gabelförmig endete, zur Hand hatte. Dem so ausgerüsteten Hottowa folgten die beiden anderen, mit Schaufeln über den Schultern, auf dem Fuße nach. Bei ihrem Anblick wurde dem Leipoltsberger Bauer denn doch bald heiß, bald kalt, besonders als Hottowa ihn gar freundlich angrinste und mit heiserer Stimme krächzte: »Bauer arbeiten, Pandur auch fleißig.« Mit diesen Worten schritt er an ihm vorüber, geradewegs die Wiese hinab; plötzlich aber blieb Hottowa stehen, streckte die Hand mit seiner Haselnußrute abwärts, dort, wo der Bauer den Topf vergraben hatte. Mit höllischem Jubelgeschrei nahmen die beiden ihre Schaufeln von den Schultern; Hottowa aber drehte sich lachend im Kreise herum und schlug dabei mit der Gerte auf den Boden, indem er zugleich dem Bauern unverständliche Worte zuschrie. Der wurde vor Schrecken ganz blaß und murmelte in sich hinein: »Alles verloren! Alles, was Ahn, Urahn, Vater und ich mit Mühe erhaust haben!« Auf das Geschrei und Gejohle der Panduren kam die Bäuerin mit Paul und Trudchen auf die Schwelle der Haustüre, um zu sehen, was es denn Schlimmes gebe. Paul aber eilte zum Vater, den er bleich und zitternd in kleiner Entfernung sah.

Die beiden Panduren gruben unterdessen eifrig, wohin Hottowa mit der Gerte unter allerlei seltsamen Gebärden und Sprüngen schlug, und nicht lange, so hoben sie den Topf aus der Öffnung und stellten ihn auf die Wiese, wobei sie einen wahren Höllenspektakel vollführten. Niemand konnte ihre wilde Freude begreifen und der einzige, der es vermochte, lehnte sich halb ohnmächtig auf Paul und stierte, als ob er ein Fieber hätte, auf die Schatzgräber. Jetzt zog Hottowa sein langes breites Messer und durchschnitt den Strick, womit der Topf mittels eines Stückes alten Leders zugebunden war. Der Deckel wurde abgenommen und neuer Jubel verkündete dem Bauern, daß sein Schatz in sicheren Händen sei, denen kein Menschenkind ihn mehr entreißen konnte. Große blanke Taler glänzten oben; gierig griffen die drei Panduren hinein, aber als hätte sie eine Viper gestochen, fuhren ihre Hände zurück, denn nur die Oberfläche des Topfes war mit Talern belegt, der andere Raum bis auf den Boden hingegen nur mit alten Eisenstücken, Nägeln, Glasscherben und dgl. stechenden und schneidenden Gegenständen angefüllt; dabei lag ein Pergamentstreifen, darauf stand gar zierlich mit großen Buchstaben: »Non est hic, sed resurrexit«, zu deutsch: Er ist nicht mehr hier, sondern auferstanden. Das Schreien und Jubeln der Panduren verwandelte sich nun plötzlich in Staunen und Wut. Am ärgsten gebärdete sich der Tambour, als er den Zettel gelesen, den er unstreitig verstanden und nun seinen Kameraden auf gut pandurisch übersetzte. Wie ein rasender Panther sprang er auf den Bauern los, riß ihn zu dem umgestürzten Topf und schrie: »Schaff Geld, oder Kopf ab!« Dazu schwang er sein schneidendes Messer so nahe an den Hals des Erschrockenen, daß er seine arme Seele bereits dem Himmel empfahl und Anna nebst Paul, von Todesangst ergriffen, wie angewurzelt standen. Nicht so Traudchen; gleich einem Pfeil flog sie auf Hottowa los, sprang mit einem Mark und Bein durchdringenden Schrei an ihm empor und hatte ihm mit unbeschreiblicher Macht im Nu das Messer entrissen und in das danebenstehende Gerstenfeld geschleudert. Schäumend vor Wut blickte der Schreckliche auf Traudchen, die jetzt gleichfalls mit ihren großen blauen Augen ihn unbeweglich ansah und den Tambour als wie durch einen geheimen Zauberstab bannte; nur ihre Lippen bebten leise, aber heftig und schnell, sonst hätte man sie für ein schönes Marmorbild halten mögen. Das Blut rieselte von ihrer gegen den Grausamen ausgestreckten Hand, denn sie hatte sich dieselbe an dem scharfgeschliffenen Mordinstrument verletzt. So standen sie sich längere Zeit schweigend gegenüber, Traudchen immer ihre Augen scharf und starr in die des Feindes gebohrt. Hottowa wandte endlich den Kopf seitwärts, als wollte er den Blick des seltsamen Mädchens meiden und langte zugleich nach dem langen Messer seines Kameraden. Dieser trat jedoch einen Schritt zurück und faßte mit nerviger Hand Hottowas Arm, indem er ihm heftig in ihrer Sprache etwas vorpolterte, was zwar die guten Bauersleute nicht verstanden, aber leicht erraten konnten. Auch der andere Pandur stimmte demselben bei und richtete ernste Worte an den Tambour, aus welchen wohl hervorging, daß nicht der Bauer den Schatz vergraben, sondern der Streich von ihren eigenen, auf den Nachbarhöfen einquartierten Kameraden herkomme; die würden das Geld entdeckt, weggenommen und die wenigen Taler samt dem Pergamentstreifen zum Hohn für die Zuspätkommenden zurückgelassen haben. Hottowa erwiderte mit fast tonlosen Worten: »Ja, ja, das kann Karadza und Skelenik oder Banluko und Horwaschy gewesen sein, aber« setzte er mit halberstickter Stimme hinzu, »habe ich nur erst Gewißheit, wer es war, so schwöre ich, daß mein Handschar (Handmesser) genaue Bekanntschaft mit seiner Gurgel macht!« Mit diesen Worten ging er in das Haus zurück, wohin ihm die beiden Gesellen folgten.

Die Bäuerin, die sich unterdessen von ihrem Schrecken erholt und mit Paul nähergetreten war, nahm ihr Halstuch und verband unter Worten voll Liebe und Zärtlichkeit die blutende Hand Traudchens. »O laß das, Mutter Anna, laß das! Es hat nichts zu bedeuten; nur im Handballen ein leichter Schnitt. Geht alle hinein, daß der böse Hottowa im Hause nicht irgendein Unheil anstiftet. Mich aber laßt hier, ich muß das lange Messer suche, an dem ich mich verwundet habe.«

Die drei Panduren saßen am Tische und ersäuften ihren Verdruß in starken Zügen, als Traudchen, Hottowas Messer in der verbundenen Hand, in das Zimmer trat, furchtlos auf sie zuging, dasselbe auf den Tisch legte und zum Tambour sagte: »Weißt du, was im Evangelium steht? Wer das Schwert zieht, wird durch dasselbe umkommen.« Nach diesen Worten ging sie ruhigen Schrittes wieder zur Türe hinaus. Ob die Männer das Mädchen verstanden, wissen wir nicht; sie sahen ihr aber staunend nach und der eine sagte zu Hottowa: »Du, Regimentsteufel! Mir scheint, das schwache Lamm meistert den starken Wolf!« Hottowa fuhr mit der flachen Hand über die Augen, als wollte er irgendeine Erinnerung verscheuchen und sprach mit einem ganz ungewöhnlich weichen Tone: »Sie ist Nisida, meiner armen Schwester, die vor zwei Jahren in der Save ertrank, auf ein Haar ähnlich. Eben dieser Trotzkopf mit den langen blonden Flechten, dieselben großen blauen Augen, mit dem scharfen Bannblick, welcher nur wenigen verliehen ist. Gegen dieses Mädchen kann ich meine Hand, die sich doch schon so oft in Blut getaucht, nicht erheben.« Und so war es auch während der übrigen Dauer der feindlichen Einquartierung auf dem Hofe. In Traudchens Anwesenheit betrug sich Hottowa mit seinen Gesellen noch so ziemlich erträglich, denn das schlaue Mädchen war sich bald seiner Macht bewußt und zähmte die drei Panduren durch seine starren und scharfen Blicke, so daß sie sich beinahe wie zivilisierte Menschen benahmen. Anders war es, wenn Traudchen entfernt war; dann zeigten sich die drei wüsten Gesellen als die alten Plagegeister und Hottowa, welchen der Verlust des Schatzes, dessen glückliche Heber er bis jetzt vergebens zu entdecken suchte, noch ingrimiger machte, war dann boshafter als je.

Als Traudchen acht Tage nach dem Vorfalle mit dem Schatz in Begleitung Pauls am frühen Morgen den alten, schwer erkrankten Pfarrer von Pittenhart besuchte, trieben es die Panduren wieder gar arg. Die Bäuerin konnte ihnen nicht genug zu essen, der Bauer satt zu trinken geben. Nach dem Mittagsmahle, als die Bewohner des Hofes betend am Tische knieten, hinter welchem der kleine Altar mit dem Kruzifix an der Wand aufgerichtet war, sprang Hottowa plötzlich, einen niederen Schemel in der Hand, auf den Tisch, setzte sich darauf und rief mit drohender Stimme: »Bet alle an Hottowa; ich euer

Gott!« Natürlich verstummte über diese Lästerung das laute Gebet aller und der Bauer sprang entrüstet auf; doch drohend traten ihm die beiden anderen Panduren mit den blanken langen Messern entgegen, drückten ihn wieder auf die Knie, indem sie gleichfalls sagten: »Bete! Hottowa dein Gott! Bete, oder Kopf ab!« In dieser ihrer Herzensangst, wo sie keinen Ausweg fanden, flehten sie stille, daß ihnen der Himmel beistehen und einen Engel zur Rettung senden möchte und siehe da, die Türe sprang auf und Traudchen trat, die Rechte gegen Hottowa erhoben, herein und rief, denselben fest und starr ansehend: »Du böser Unhold! Der Herr wird dich strafen, daß du dich seines Namen angemaßt. Herab du Fliegengott von deinem Schemel!« Hottowa fuhr, als hätte ihn der Blitz getroffen, vom Tisch herab; zugleich trat ein Unteroffizier der Panduren herein, welcher Hottowa und den beiden anderen bedeutete, ihre Effekten mitzunehmen, und ihre Kameraden auf den umliegenden Gehöften zusammenzutrommeln, da Ordre gekommen sei, daß das ganze Regiment sich ungesäumt in Wasserburg versammeln und da seiner weiteren Bestimmung gewärtig sein solle. Der Abschied der Bauersleute von ihren Gästen soll nicht sonderlich schwer gewesen sein; vielmehr sandten alle ein inbrünstiges Dankgebet zum Himmel empor, der sie endlich aus dieser Drangsal erlöst hatte, die auch nicht wiederkehrte, da fortan nur die Städte und größeren Marktflecken mit österreichischen Garnisonen, und zwar mit regulärem Militär besetzt blieben, indessen die Kroaten und Panduren an die türkische Grenze beordert wurden, wo die gegenseitige Kopfabschneiderei wieder in vollstem Gange war. Wohl hatten die bayerischen Bauern desto mehr Lieferungen an Heu, Stroh und Hafer in die Rentkästen zu machen; jedoch taten sie das gern, weil sie von ihren wilden Quälgeistern befreit waren.

So kehrte nach acht Wochen, die den armen Leuten acht Jahre dünkten, die vorige Ruhe auf dem Leipoltsbergerhof zurück, und alle atmeten wieder frei und froh. Nur der Bauer seufzte oft tief nach seinem verlorenen Schatz, der, wie er jetzt selbst gestand, etwas über fünftausend Gulden betrug, eine für jene Zeit sehr große Summe. So verstrich ein Jahr nach dem anderen. Traudchen wuchs kräftig wie eine junge Tanne empor; von Tag zu Tag wurde sie schöner und wer die blühende Jungfrau sah, mußte gestehen, daß man landein und landaus nicht ihresgleichen finde. Dabei war sie hohen Verstandes und wußte in so schön gewählten Ausdrücken zu reden, daß selbst Vornehme sie bewunderten.

Auf Paul, der ebenfalls zu einem der schönsten und kräftigsten Burschen herangewachsen war, fiel Traudchens Blick, als sie kaum achtzehn Jahre alt war. Es wurde ihm bald heiß und dann wieder kalt, wenn sie ihn so freundlich ansah; je freundlicher sie es tat, desto heftiger schlug ihm das Herz.

Eines Tages sagte der Bauer: »Traudchen, heute abend wird der Schierlinghofer Andreas kommen und um deine Hand anhalten, der ist der reichste Bursche, brav, sauber und übernimmt den schönen Hof seines Vaters. Überlege dir es, was du ihm antworten willst. Wozu immer du dich entschließt, das ist mir recht.« Traudchen senkte den Kopf und blickte erst auf, als der Bauer die Türe schloß. Da sah sie Paul auf der Bank am Fenster sitzen, die Augen naß und schwer aufatmend. Sie ging zu ihm, faßte ihn bei der Hand und sagte mit freundlichen Tone: »Paul, was fehlt dir?« Rasch aufspringend erwiderte er: »Traudchen, sagst du zu dem Andreas ja – so ist's um mich geschehen; denn wisse, ohne dich kann ich nicht leben; dich als Weib eines andern zu sehen, wäre mein Tod!»

»Sei nur ruhig«, sagte das Mädchen, »warte den Abend ab und höre, was ich dem Schierlingshofer Andreas antworte.« Dabei blickte es ihn so lieb und freundlich an, daß es dem armen Paul vorkam, als gingen alle sieben Himmel mit einem Male auf. Da konnte sich der gute Junge nicht mehr halten. Paul schlang seine kräftigen Arme um Traudchens Nacken und wollte sie eben küssen; aber er begegnete einem ganz veränderten strengen Blick, so kalt und starr, daß er zurückfuhr; sogleich hörte er das vorwurfsvolle Wort: »Paul?!« – Jetzt traten auch der Bauer und Anna ein; auch diese riefen verwundert: »Paul?!« Der ergriff aber die Hände seiner Eltern und sprach im entschlossenen Tone: »Vater, Mutter! Bekomme ich Traudchen nicht zum Weib, so gehe ich unter die Soldaten. Denn lieber sterben in fremden Land, als wenn ich sie von einem anderen zum Altar führen sehe!« Anna schlug die Hände über dem Kopf zusammen und sprach: »Barmherziger Himmel! Das geht ja nicht! Deine Base willst du heiraten? Das gibt der Herr Bischof und das Consistorium nie und nimmermehr zu!« Der Bauer aber seufzte tief und sagte: »Hätten mir nur die Pandurenspitzbuben nicht meinen Schatz gestohlen, es ginge dann schon. Da könnte man für sein gutes Geld wohl Dispensation von Rom bekommen.« – »Laßt's gut sein, Vater und du Mutter Anna«, unterbrach Traudchen lächelnd, »dem Schierlingshofer Andreas kannst du sagen, daß er bei mir heut' abend gar nicht anzufragen braucht.«

Einige Wochen nach diesem Vorfall, als der Bauer und die Bäuerin mit ihrem Gesinde beim Abendessen am Tische saßen, ereignete sich etwas ganz Besonderes. Alle Bücher, die auf einem Brett an der Wand standen, stürzten plötzlich herab; die dicke Hauspostille zuerst auf den Kopf des Bauern und von da in die Saure-Milch-Schüssel, daß ihr Inhalt in der ganzen Stube herumspritzte. »Das Leben der Heiligen« und eine große Chronik in die weite Nudelpfanne, die übrigen Bände aber auf den Tisch und die Teller der Herumsitzenden. Paul kam auf das Getöse aus dem anstoßenden Pferdestall herein und fragte, was es gäbe. Aber eine Ohrfeige von unsichtbarer Hand, stark genug, daß sich seine linke Backe hochrot färbte, war die Antwort. Darauf hörte man ein starkes Rasseln in den Spänen, welche auf Stangen über dem Ofen lagen, und ein unterdrücktes, jedoch deutliches Lachen.

Auch Traudchen, die noch in der Küche beschäftigt war, sprang herbei; doch es wurde jetzt plötzlich stille und die Leute sahen sich über diesen Spuk erschrocken an. – So ging es mehrere Tage fort. Paul und die Dienstboten wurden von unsichtbaren Händen geneckt und ihnen allerlei Schabernack gespielt. Besonders hatte es der Kobold auf Paul abgesehen; oft wurde ihm der Löffel, welchen er eben zum Munde führen wollte, hart vor demselben weggeschlagen. Eines Abends, als schon der Lichtstock lustig und knisternd brannte, der Bauer nebst Paul und den Knechten Späne schnitzten, Mutter Anna, Traudchen und die beiden Mägde aber spannen, rasselte es wieder auf der Bank im Ofenwinkel. Alle richteten die Blicke erschrocken dahin, jedoch niemand sah etwas; Traudchen ließ das Spinnrad stehen, erhob sich und rief: »Hottowa!« Wie elektrisiert und die Haare zu Berge stehend, sprangen alle auf; doch Traudchen winkte ihnen mit der Hand, ruhig auf ihren Plätzen zu bleiben, machte, starr auf einen Fleck hinblickend, zwei Schritte vorwärts und sprach: »Unhold, was tust du da hinten am Ofen?« Von derselben Stelle hörte man deutlich, jedoch mit dumpfer Stimme: »Für den Frevel, daß ich mich von euch wollte anbeten lassen, bin ich nach meinem Tode verurteilt worden, in diesem Gehöfte bis an das Ende der Tage zu bleiben!« Darauf hörte man etwas der Türe zu und dann hinaushuschen. Alle drängten sich jetzt wie furchtsame Schafe um Traudchen, die allein unerschrocken und aufgerichtet den sich entfernenden Geist Hottowas mit den Augen verfolgte.

So dauerte der Spuk mit dem Hottowa bereits ein ganzes Jahr fort. In Traudchens Gegenwart benahm er sich ganz ordentlich; war sie aber nicht da, so beging er eine Schelmerei

nach der anderen. Besonders verlangte er, daß bei Tisch eigens für ihn ein Gedeck aufgelegt werde und die Stelle bei demselben unbesetzt bleibe. Wagte es doch jemand, seinen Platz einzunehmen, so durfte derjenige versichert sein, daß ein heftiger Nadelstich ihn dafür bestrafen würde. Der Kobold hatte gewaltige Launen. War er heiter gestimmt, so half er bei aller Arbeit. Die Pferde wurden noch einmal so schnell angeschirrt und eingespannt, das Getreide und Heu viel schneller auf den Wagen geladen; ja es war, als wenn es von selbst hinaufflöge. Beim Holzmachen sprangen die härtesten Klötze, als wenn ihrer zwei auf den Keil schlügen. Auch ein nahendes Gewitter kündete er an und trieb dann zur größten Eile. War Hottowa hingegen übler Laune, oder hatte man vergessen, bei Tisch sein Gedeck aufzulegen, obwohl er niemals einen Bissen aß, so war am Pferdegeschirr alles in Unordnung, der volle Getreide- oder Heuwagen fiel oft kurz vor dem Scheunentor um, oder der Kobold schreckte die Schafherde, daß die armen Tiere in allen Windrichtungen auseinanderstäubten und die Leute viele Mühe hatten, sie wieder zusammenzutreiben.

Zwar gewöhnten sich die Bewohner des Leipoltsberger Hofes allmählich so ziemlich an ihren sonderbaren Gast, denn er war selten übler Laune; aber wer hat Lust, täglich einen Kobold, wenn auch unsichtbar, zum Tischgenossen zu haben? Als nun Hottowa eines Tages gar schlecht aufgelegt war und schon vor Tisch allerlei Schabernack und Unheil angerichtet hatte, wurde der Bauer sehr mürrisch, denn sein Gesinde drohte ihm den Dienst aufzusagen, wenn es noch länger mit Hottowa zusammenhausen müßte. Als nun aber gar des Mittags das Gesinde sich zu Tische setzen wollte und Traudchen eben mit der Suppenschüssel in die Stube trat, die Bänke brachen und die Daraufsitzenden zu Boden fielen, da schwur der Bauer, daß er dem Ding ein Ende machen und dem Kobold die Herberge aufzusagen wissen werde. Zugleich warf er Hottowas

Gedeck samt und sonders zum Fenster hinaus und begab sich stehenden Fußes zum neuen Pfarrer von Pittenhart. Als der Bauer dem Herrn den Fall vorgetragen, machte sich derselbe sogleich mit allen zum Geisterbannen nötigen Requisiten auf und ging mit dem Bauer nach dem Leipoltsberger Hause. Doch kaum dort auf den Hof betreten, empfing beide ein vom Dach der Scheune schallendes heiseres Lachen und den Herrn Pfarrer hätte eine von oben fallende Weizengarbe beinahe zu Boden geschlagen. – Entrüstet ob dieser Keckheit des Geistes bei hellem Tag, fing der Pfarrer sogleich den Frechen zu beschwören an; jedoch ein ebensolches Gelächter erscholl nun vom Dach der Pferdestallung. Nach einiger Zeit hörte man gar aus der Kellerlucke die deutliche Stimme Hottowas: »Der ist nicht der Mann, der Hottowa bannen kann; ja wenn's noch wär der Alte, der hatte mehr studiert und sprach ein besser' Latein.«

Kirschrot vor Zorn über die öffentliche Zurechtweisung wegen seines wenigen Studierens und schlechten Lateins, fing der Pfarrer seine Beschwörung stärker und dringender als vorher an; aber plötzlich unterbrach ihn der Kobold mit freundlichem Tone: »Laß gut sein; kann erst 'bannt werden, wenn der Bauer ist nicht mehr Bauer vom Hof und wirtschaftet sein Sohn.« – »Ho, ho!« rief der Leipoltsberger erfreut, »wenn es nur das ist, sollst du bald deinen Herrn finden. In den nächsten Tagen übergebe ich den Hof, dann wollen wir ihm bald Meister werden. Du Paul, spanne jetzt die beiden Rappen an das Wägelein und fahre den Herrn Pfarrer nach Hause, denn er wird müde sein.« Der sonst gutmütige Pfarrer war von Herzen froh, auf so gute Art aus dem bösen Handel mit dem mutwilligen Kobold loszukommen und hatte nichts gegen die schnelle Heimkehr einzuwenden. Als nun beide zum Hof hinausfuhren, rief Hottowas Stimme vom Dache herab: »Glückliche Reise!« und als sie auf die Straße einbogen, ebenso von der nächsten Eiche:

»Wünsch gut heimzukommen«, und dann wieder nach einigen Minuten, als säße er auf dem Sattelpferd: »Paul, achtgeben, kommt holperig Weg, wirf nicht um!« Als aber der Wagen an die Grenze der Leipoltsberger Fluren kam, sagte der Kobold, als säße er hart neben dem Pfarrer: »Muß ich heimkehren, ist ja hier auch meine Grenze.« Darauf hörte man einen Laut, als schlüge jemand die Pferde mit der flachen Hand auf den Rücken, daß sie rascher als vorher dahintrabten und der Pfarrer glücklich und sehr schnell nach Pittenhart zurückkam.

Kaum war Paul nach Hause zurückgekehrt, so rief ihn der Vater schon in die Stube, wo auch Mutter Anna und Traudchen bereits waren und sprach: »Paul, du hast gehört, wie die Sachen stehen. Morgen früh fahren wir zum Gericht nach Kling; dort wird dir Haus und Hof übergeben. Du bist jetzt 23 Jahre alt; ich und die Mutter haben uns schon lange genug gesorgt und geplagt, wir gehen in den Austrag.«

»Gut Vater«, erwiderte Paul, »aber wenn Traudchen nicht mein Weib wird, so mag ich weder Haus noch Hof, und wenn derselbe noch zehnmal schöner und größer wäre.« Vater und Mutter erbleichten über den festen und bestimmten Ton ihres Sohnes, dessen Eisenkopf sie wohl kannten. Nach einer kleinen Pause sagte der Vater: »Ohne Dispensation geht das nicht, und wo das Geld dazu jetzt auftreiben?« – »Wohl«, sprach Paul, »ich verkaufe lieber die Hälfte unserer Felder und Wiesen.« – »Bist du ein Narr«, polterte der Alte, »jetzt, wo wegen der schlechten Zeiten die besten Gründe um die Hälfte des Wertes keinen Käufer finden!« – Da trat freundlich lächelnd Traudchen zum Bauer und sprach: »Du hast recht, Vater; von dem schönen Gehöft darf auch kein handgroßes Stücklein verkauft werden. Und wozu auch? Es ist ja gar nicht nötig. Wißt ihr was? Wollen wir nicht gehen und im Entengraben Goldfische fangen?« – »Barmherziger Himmel!« rief Mutter Anna, »jetzt ist das Mädel, die doch sonst die Gescheiteste unter uns ist, auch noch närrisch geworden.« – »Nicht doch, Mutter Anna«, lächelte Traudchen, »kommt alle auf die Wiese hinaus, und ihr sollt sehen, daß ich dort den gescheitesten Jugendstreich gemacht habe, den nur ein armes Menschenkind begehen kann. Nehmt nur alle die großen Schapfer (Schöpfer) mit; in einer halben Stunde sind wir der Sache auf dem Grund.« Alle folgten gut ausgerüstet dem Mädchen zu dem etwa hundert Schritte von dem bekannten Birnbaum liegenden Entengraben; der war zwar klein, aber vier Schuh tief. Traudchen verstopfte schnell den winzigen Zufluß vom Brunnen her. Das Ausschöpfen mit vereinten Kräften ging so rasch vonstatten, daß in Bälde eine Pfanne sichtbar wurde, welche mit Schlamm bedeckt war. Der Bauer und Paul hoben sie vorsichtig heraus. Da drinnen lagen nun die alten Goldstücke und Frauentaler, die der Leipoltsberger, als die Österreicher in das Land kamen, unter dem alten Birnbaum vergraben hatte. Fragend sahen jetzt alle auf Traudchen; diese sprach: »Schau, Vater, als der Feind ins Land kam, bemerkte ich trotz meiner Jugend eine große Unruhe an dir. Ich ließ dich deswegen nicht aus den Augen. Da du nun eines Abends trotz Sturm und Regen nicht zu Bett gingst, sondern ich dich treppauf, treppab eilen, Kästen und Truhen auf- und zuschließen hörte und als endlich die Haustüre knarrte, stand ich auf und sah durch das Fenster meines Kämmerleins dich etwas Schweres die Wiese hinuntertragen. Einzelne heftige Blitze zeigten mir, wie du am Birnbaum grubst und dann wieder in das Haus zurückkamst. Ich legte mich wieder zu Bett, konnte aber nicht einschlafen, denn es kam mir plötzlich der Gedanke, ebensogut wie ich hätte dich ja auch ein weniger befreundetes Auge beobachten und dir dein Schatz dann geraubt werden können. Die ganze Nacht dachte ich nach, wie das zu verhüten wäre; mein Plan war mit Sonnenaufgang fertig. Wie du nach der Morgensuppe mit Paul in das Holz fuhrst, trieb mich die Neugierde zu dem alten

Birnbaum und ich sah, daß du deine Sache schlecht gemacht hattest und die schlauen Feinde den Schatz finden würden. Ich machte daher in der nächsten rabenschwarzen Nacht ganz in der Stille meine Vorkehrungen, kleidete mich gar nicht aus, stahl mich leise auf die Wiese, nahm einen Sack mit allerlei Stücken von alten Nägeln und Glasscherben nebst einer Pfanne mit, versenkte die letztere hier in den Graben und grub schließlich deinen Topf aus. Dann füllte ich öfter meine Schürze mit dem Gelde und schüttete dasselbe immer vorsichtig an der Stelle in das Wasser, wo die große Pfanne lag. Als ich mit dieser Arbeit fertig war, füllte ich deinen Topf mit dem alten Zeug, legte den vorher geschriebenen Pergamentstreifen und einige zurückgelassene Taler darauf und bedeckte ihn wieder ebenso schlecht wie du es getan hattest, mit dem festen Vorsatz, was da auch kommen möchte, nichts davon zu sagen, bis die Feinde abgezogen seien. Da die Österreicher nun das Land für immer verlassen, habt ihr euer Geld wieder, und« setzte sie hocherrötend hinzu, »wohl jetzt wieder viel mehr, als ihr zur Dispensation braucht.« – Paul fiel Traudchen freudig um den Hals, was diese auch für diesesmal ohne besonders strengen Blick geschehen ließ, ihm aber doch bedeutete, solches vor der Hochzeit nicht wieder zu wagen. Auch der Leipoltsberger und Mutter Anna schlossen Traudchen in ihre Arme; dann wurde der wiedergefundene Schatz in das Haus gebracht. –

Am andern Morgen fuhr der Bauer mit Traudchen und Paul, alle drei in den schönsten Festtagskleidern, nach Seeon zu dem dortigen Prälaten, welcher ein sehr guter und gelehrter Herr war und dem der Vater das junge Brautpaar vorstellte, zugleich aber um guten Rat wegen der Dispensation bat. Der menschenfreundliche alte Abt meinte auch, es wäre doch jammerschade, wenn ein so wunderschönes Paar, das gewiß in ganz Bayern nicht seinesgleichen fände, getrennt werden sollte; zudem sei die Verwandtschaft ja gar nicht so nahe. – »Koste es, was es wolle«, rief der Leipoltsberger, »ja zweitausend Gulden gebe ich her, denn ich bringe zugleich damit den bösen Kobold Hottowa aus dem Hause.«

Der Abt lächelte und versprach, die Sache in die Hand zu nehmen, und was so ein gelehrter und hochangesehener Mann in die Hand nimmt, das geht rasch. Es dauerte auch nicht lange, so traf die Dispensation ein und Traudchen, eben tausend Wochen alt, wurde mit Paul am nämlichen Tage getraut und das glücklichste Ehepaar im Bayernlande.

Wie ging es denn mit Hottowa? Nun, der war seit der Verehelichung des jungen Paares selten mehr zu bemerken, und gab er auch dann und wann seine Anwesenheit kund, so war er stets in der besten Laune. Als daher die Beschwörungskommission von Kling mit einem Pater von Seeon kam, bat der Kobold sehr bescheiden und kleinlaut, man möchte ihn doch nur in den halbverfallenen und darum unbenützten Keller des dabeistehenden Taglöhnerhäuschens hinabbannen; dort wolle er gern bleiben bis zum jüngsten Tage; weiter aber könne und dürfe er sich vom Hofe nicht entfernen. Dieser Bitte wurde ihm von der Kommission gewährt.

Dort im halbverfallenen Keller steckt heutzutage noch der arge Schelm und regt und rührt sich nicht. Nur wenn irgendein Bauer des Nachts vom Bräuhaus des Klosters Seeon herkommt und dort vorbeigeht, so glaubt er aus dem Keller ein Liedchen zu hören, dessen Text ihm slowakisch vorkommt, und gewöhnlich brummt ihm dann am andern Tage der Kopf. –

Der Hottowa und die Kartenspieler

Nicht nur auf dem Heinrichsberg selbst, wo der Leipoltsbergerhof lag, sondern auch in dessen Nachbarschaft trieb der Hottowa sein Unwesen. Da hockte einmal das Gesinde des Zunhammerbauern in Gramelberg nach einem langen Arbeitstag am Abend gemütlich in der Stube beisammen, einer holte die Karten, und die Leute machten vergnügt ein paar Spiele miteinander. Nicht lange jedoch, dann wurde ihnen die Freude daran auf ungewöhnliche Weise vergällt.

»Es brennt!« schrie plötzlich einer von ihnen und deutete entsetzt auf die Schublade des Tisches, aus der plötzlich, keiner konnte sich erklären, woher es gekommen war, Feuer in hellen Flammen herausschlug. Zu Tode erschrocken versuchten alle, sich zu retten und rannten zur Türe oder sprangen gar beim Fenster hinaus, um möglichst schnell ins Freie zu gelangen.

Aber es war ein falscher Alarm gewesen, es war gar kein Brand ausgebrochen, nur der Hottowa hatte sich mit den Leuten einen seiner üblen »Scherze« erlaubt.

Der Hottowa und der Bauer

Immer wieder trieb der Hottowa seinen Schabernack mit den Leuten. Am Tag nach dem Streich, den er den Kartenspielern in Gramelberg gespielt hatte, brach im Stall des gleichen Bauern unter den Tieren eine merkwürdige Unruhe aus. Ein Knecht, der die Türe aufriegelte um nach dem Rechten zu sehen, fand die Kühe samt und sonders von ihren Ketten losgebunden und erschreckt umherlaufend vor. Keiner wußte, wer das getan haben könnte, denn niemand hatte den Stall betreten.

»Das war wieder der Hottowa!« schimpfte der Bauer zornig. Wie es so zu gehen pflegt, machte die Nachricht von den merkwürdigen Vorfällen auf dem Zunhammerhof rasch in den umliegenden Dörfern die Runde. Der Osterbauer von Lidering, ein bärenstarker Mann, der sich vor nichts und niemandem fürchtete, lachte nur über die Geschichten, die über den boshaften Kobold erzählt wurden und rief ungläubig:

»Den Kerl möcht' ich einmal sehen!«

Zu sehen bekam er ihn zwar nicht, dafür aber umso deutlicher zu spüren, denn kaum hatte er das gesagt, da klatschte ihm aus der Luft eine derartige kräftige Ohrfeige mitten ins Gesicht, daß er sich ein paarmal um sich selber drehte und sich erst nach ein paar Augenblicken wieder darauf besann, wer er war. Von da an wußte er über den Hottowa besser Bescheid.

Der Hottowa heute

Noch heute werden spitzbübische Streiche, für die man keine andere Erklärung findet, gerne dem Hottowa in die Schuhe geschoben. Wenn man am Morgen die Tiere von den Ketten losgerissen im Stall vorfindet, heißt es: »Das war wieder der Hottowa!« Manche behaupten, bei Mißgeschicken, die ihnen zugestoßen seien, wenn beispielsweise ein vollbeladener Heuwagen umkippte und die ganze Arbeit des Aufladens noch einmal getan werden mußte, ganz in der Nähe das schadenfrohe

Gelächter des Kobold gehört zu haben. Wie die heutigen Besitzer (seit 1970) des schönen Hofes auf dem Heinrichsberg berichten, wurde noch zu Zeiten ihrer Vorgänger mittags für den Hottowa ein Gedeck aufgelegt.

Die Raubritter von Kling

Auf Schloß Kling, von dem heute nur mehr Mauerreste auf einem Moränenhügel zwischen Wasserburg und Schnaitsee zu sehen sind, sollen einst Raubritter gehaust haben. Damals soll ein unterirdischer Gang unter dem Inn hindurch bis nach Schloß Hohenburg, wo ebenfalls Raubritter saßen, geführt haben.

Wie die Kirche von Pittenhart entstand

In Pittenhart, einem Dorf nahe Obing, wollten die frommen Bauern eine Kirche errichten, konnten sich aber nicht über die Stelle einigen, wo sie gebaut werden sollte. Noch dauerte der Streit darüber an, als sich ein Zimmermann bei Arbeiten für das geplante Gotteshaus mit der Axt verletzte. Da kam zu seinem Erstaunen ein Rabe herbeigeflogen, nahm das blutbefleckte Scheit auf und trug es zu einer Wiese, wo er es niederlegte. Die Bewohner des Ortes nahmen dies als einen Fingerzeig Gottes und errichteten die Kirche an der so bezeichneten Stelle. Den Turm ließen sie zum Andenken an den merk-

würdigen Vorfall mit einem roten Anstrich versehen, worauf das Gotteshaus bei der Bevölkerung nur »das rote Kirchl in der Hoad« hieß.
Wahrscheinlich handelte es sich bei diesem Gotteshaus nicht um die heutige Pittenharter Kirche, in der sich ein eindrucksvolles Kreuz aus der Spätgotik befindet, sondern um eine frühe Holzkirche, die möglicherweise beim Reiterhof im Norden von Pittenhart gestanden hat, wo es ehemals den alten Flurnamen »Hoad« gab. Unterstützt wird diese Annahme durch einen Fund des Heimatforschers Hans Zunhammer, der bei Ausgrabungen auf diesem Gebiet auf zwei Skelette stieß, was auf einen zu früheren Zeiten hier gelegenen Friedhof schließen läßt.

Die Franzosen in Pittenhart

Wie grausam, nicht nur während des dreißigjährigen, sondern auch während der folgenden Kriege die feindlichen Soldaten häufig mit der Landbevölkerung umsprangen, berichtete der Heimatforscher Hans Zunhammer aus Pittenhart:
»Im napoleonischen Krieg 1800 kamen die Franzosen auch nach Pittenhart, wo sie alle Häuser durchsuchten. Sie verlangten von dem damaligen Mayerbauern, daß er ihnen die Stelle zeige, wo er sein Geld vergraben habe. Der Bauer aber weigerte sich. Die Franzosen machten nicht viele Umstände, holten Jauche herbei und gossen sie ihm in den Mund. Auf diese Weise mürbe gemacht, zeigte er ihnen das Versteck. – Beim Oberbauern in Hinzing, Gemeinde Pittenhart, wollte ein Franzose einen verschlossenen Kleiderschrank mit dem Bajonett aufbrechen, was ihm aber nicht gelang. Die Risse im Schrank sind heute noch zu sehen.«

Der Teufelsbock bei der Pestkapelle

Nach der furchtbaren Pestepidemie im dreißigjährigen Krieg während der Jahre 1634-38, die, wie es heißt, von spanischen Söldnern in die Inngegend eingeschleppt worden war und fast einem Drittel der Bevölkerung das Leben kostete, erbauten die überlebenden Bewohner von Pittenhart im Lohholz, einem Wald zwischen ihrem Dorf und Obing, eine Pestkapelle. Etwa hundertfünfzig Meter südöstlich davon liegt der alte Pestfriedhof, wo ein hohes Holzkreuz und 4 große Steine an die schreckliche Zeit gemahnen.

Dort hatte so um 1860 oder 70 herum der Bichlerbauer von Fachendorf, der alte Irlinger, ein Erlebnis, das er nie mehr vergessen konnte. Er war ein leidenschaftlicher Jäger und treffsicherer Schütze und konnte es sogar in der Hl. Nacht nicht lassen, statt in die Mette auf die Jagd zu gehen. Wie er so mitten im Wald in der Gegend von Pestkapelle und Friedhof umherstreifte, erblickte er plötzlich ganz in der Nähe einen herrlichen Rehbock. Ohne zu zögern riß er die Büchse an die Wange und schoß. Zu seiner Verwunderung stürzte der Bock nicht getroffen zu Boden, obwohl das, bei der bekannten Treffsicherheit des Schützen und auch wegen der geringen Entfernung zu erwarten gewesen wäre.

»Sakra«, fluchte der Irlinger und glaubte schon, das Tier würde nun Hals über Kopf im Gebüsch verschwinden. Aber auch darin hatte er sich getäuscht. Während er den Rehbock noch beobachtete, schien es ihm mit einem Mal, als würde dieser plötzlich immer größer. Eine seltsame Bedrohung, ein Hauch von etwas Abgrundbösem schien von ihm auszugehen, als er den Kopf mit den Hörnern senkte und geradewegs auf den Jäger zugerannt kam, so, als wolle er ihn am nächsten Baum damit aufspießen. Dabei glühten die Augen des unheim lichen Tieres wie feurige Kohlen, und es schnaubte so zornig, daß stoßweise Dampfwolken aus seinen Nüstern kamen. Da packte den Irlinger die Angst, und er nahm schleunigst Reißaus.

»Des is aber a Teufelsbock«, dachte er erschrocken, denn solch ein widernatürliches Verhalten eines Rehbockes hatte er sein ganzes langes Jägerleben hindurch noch nicht gesehen. So schnell er konnte lief er durch den Wald davon. Das war nicht einfach, denn die Zweige der Bäume schlugen ihm wie Ruten ins Gesicht, der Schnee rutschte von den Ästen und fiel ihm in den Nacken, wo er schmolz und ihm unangenehm naß den Rücken hinablief, und mehr als einmal strauchelte er über einen Baumstumpf oder ein Loch im Boden und fiel der Länge nach hin. Ganz zerschunden rappelte er sich jedesmal wieder auf und rannte weiter, denn der unheimliche Rehbock ließ nicht ab von seiner Verfolgung, wobei er andauernd dumpf grollende, bedrohliche Laute ausstieß.

Niemals im Leben war dem Irlinger solche Angst eingejagt worden. Er glaubte nicht anders, als daß der Teufel höchstpersönlich ihn in der Gestalt des Tieres verfolge, weil er den Heiligen Abend mißachtet hatte und auf die Jagd gegangen war, statt, wie es sich gehörte, die Messe zu besuchen. Er fing an, laut zu beten, und hastete, als er endlich den Waldrand erreicht hatte, stolpernd über seine Felder bis zum Bichlerhof. Dort torkelte er mit pfeifendem Atem, mehr tot als lebendig und am ganzen Körper zerkratzt und zerschunden, in die Stube. Als er sich nochmals furchtsam umblickte, sah er zu seiner grenzenlosen Erleichterung, daß das Höllentier verschwunden war.

Von Stund an war der Bauer nicht mehr der Gleiche. Er erholte sich nie mehr ganz von dem ausgestandenen Schrecken und blieb seiner Lebtag ein kranker Mann. Und auf die Jagd ist er in der Christnacht künftig nicht mehr gegangen.

Der dreimal Begrabene von Wimm

Zwischen Pittenhart und Eggstätt liegt der kleine Ort Wimm. Dort erhängte sich in den dreißiger oder vierziger Jahren des vorigen Jahrhunderts der »alte Christern zu Wimm«, ein gar trauriges Ende für einen Mann, der mit Napoleon 1812 nach Rußland gezogen war, die fürchterlichen Strapazen des Feldzuges überlebt hatte und als einer der wenigen wieder heimgekehrt war.

Nachdem er in Pittenhart begraben worden war, kam es in der folgenden Zeit ein paarmal zu schweren Hagelschlägen in der Gegend. Damals herrschte hier, wie überall in Bayern, der Aberglaube, daß ein Selbstmörder Unwetter und Hagel an den Ort heranziehe, an dem er bestattet sei. Aus diesem Denken heraus ist es zu verstehen, daß früher jedes Dorf tunlichst vermied, solch einen Unglücklichen in seinem Bereich zur letzten Ruhe zu betten. Wen nimmt es daher Wunder, daß die Bauern von Pittenhart die Schuld an den schweren Gewittern, die über ihrem Dorf niedergegangen waren, dem alten Christern in die Schuhe schoben und ihn nicht länger haben wollten.

Eines Nachts fanden sich ein paar von ihnen zusammen, darunter auch der Vater des alten Irlingers vom Bichlerhof in Fachendorf. Heimlich gruben sie beim Friedhof die unliebsame Leiche aus und verscharrten sie im Mösl, eine Viertelstunde unterhalb von Wimm, etwa dort, wo sich der ungefaßte Brunnen befindet. Nun endlich glaubten sie sich sicher vor unverdienten Gewittern.

Der Pfarrer von Pittenhart aber, ein sehr fortschrittlicher und aufgeschlossener Mann, der erbittert jeglichen Aberglauben verurteilte und bekämpfte, bekam Wind von der Sache und ordnete an, daß der Tote unverzüglich wieder in das für ihn vorgesehene Grab zurückgebracht werden müsse. Wenn auch widerstrebend und gegen ihre bessere Überzeugung, leisteten die Bauern dieser Aufforderung Folge.

So wurde also der »alte Christern zu Wimm« gleich dreimal beerdigt.

Der Rosenkranz in der Pittenharter Kirche

Im Glockenhaus der Pfarrkirche von Pittenhart wurde früher ein großer Rosenkranz aus schweren, dicken Perlen verwahrt. Wie es heißt, diente er dazu, die heranwachsende Jugend zu einem anständigen Betragen während des Gottesdienstes zu bringen. Gab das Benehmen einen jungen Mädchens oder eines Burschen Anlaß zur Beanstandung, so wurde der oder dem Betreffenden während der gesamten Dauer der heiligen Handlung der Rosenkranz um den Hals gelegt. Der Schuldige durfte ihn erst nach der Messe wieder abnehmen.

Das Sühnekreuz an der Oberbrunner Straße

Früher stand an der Straße von Pittenhart nach Oberbrunn ein Sühnekreuz, das die Leute bei Dunkelheit ängstlich mieden. An der Stelle war es nämlich nicht geheuer. Einst kamen zwei Fuhrknechte mit ihrem Gespann dort vorüber, als die Dunkelheit schon hereingebrochen war. Da bemerkten sie mehrere seltsame Lichter, die unruhig flackernd um das

Kreuz herumtanzten. Die Männer erschraken zwar, trieben die Pferde aber trotzdem weiter. Die Tiere aber widersetzten sich, fingen plötzlich fürchterlich zu schwitzen und zu schäumen an und versuchten ständig auszubrechen, um nicht am Kreuz vorbei zu müssen. Nun wurden auch die beiden Knechte von einer ihnen unerklärlichen Angst befallen, die ihnen die Kehlen zuschnürte und sie trieb, möglichst rasch von dem unheimlichen Ort wegzukommen. Sie zwangen die Pferde zum Weiterlaufen. Da gaben diese endlich ihren Widerstand auf, fingen an zu galoppieren und rannten so schnell sie konnten an dem Sühnekreuz vorbei. Als sie ein Stück entfernt waren, wurden sie wieder langsamer. Nun fiel von Mensch und Tier gleichermaßen die seltsame Beklemmung ab. Aufatmend wischten sich die Männer den Schweiß von der Stirne und blickten zurück.

Da sahen sie, daß die geheimnisvollen Irrlichter das Kreuz verlassen hatten und zum Waldrand hintanzten, wo sie dann plötzlich in der Dunkelheit verschwanden.

Noch viele andere Leute, vor allem Fuhrknechte, erzählten früher von den Irrlichtern am Sühnekreuz. Heute steht es nicht mehr, und mit ihm ist auch der seltsame Spuk verschwunden. Es wurde durch ein anderes Kreuz ersetzt, das sich an dieser Straße an der scharfen Kurve bei Windschnur befindet.

Wie der Schneckenhauser See entstand

Ein kleiner, heute fast ausgetrockneter Weiher, zu Fuß etwa eine halbe Stunde westlich von Pittenhart und etwa dreihundert Meter nördlich des Weilers Rothbuch gelegen, verdankt seine Entstehung folgender sagenhaften Begebenheit:

Zwei sehr reiche Bauern hatten vor langer Zeit nahe Pittenhart ihre Gehöfte. Das eine hieß »beim Schnecken«, das andere »beim Hauser«. Weit ringsum gehörten ihnen Wälder, Wiesen und Äcker. Sie besaßen alles in Hülle und Fülle. Doch obwohl sie viel mehr hatten, als sie je brauchen konnten, gaben sie nichts von ihrem Überfluß den Menschen, die weniger vom Glück begünstigt waren und dringend etwas zum Überleben gebraucht hätten. Mochten die nur sehen, wo sie blieben, was ging es die beiden Bauern an? Sie behielten lieber alles für sich und verschwendeten das, was zuviel war, in sinn- und nutzloser, ja sogar in frevlerischer Weise. Manchmal, wenn sie Lust dazu hatten, nahmen sie beispielsweise die frischen, goldgelben Butterwecken und schoben übermütig damit Kegel. Oder sie wuschen sich am Abend die Füße nicht etwa mit Wasser, sondern mit bester Milch.

Da brach eines Tages ein fürchterliches Strafgericht über die hoffärtigen Bauern herein. In einer Gewitternacht, in der man hätte glauben können, die Welt gehe unter, so entfesselt tobten die Mächte der Natur, fiel derart sintflutartiger Regen, daß auf den Wiesen das Wasser stehenblieb, weil es die Erde nicht mehr aufnehmen konnte. Am nächsten Morgen, als die Naturgewalten wieder zur Ruhe gekommen waren, war von den beiden Bauernhöfen nichts mehr zu sehen. Sie waren samt ihren Bewohnern im Boden versunken. Dort, wo sie vorher gelegen hatten, befand sich eine Grube, in der sich das Wasser zu einem kleinen See gesammelt hatte. Dieser wird seither nach den Häusernamen der Gehöfte »Schneckenhauser See« genannt.

Wie es heißt, galt der Wasserstand des Sees früher als Spiegel für den Getreidepreis. War er beispielsweise hoch, war auch der Getreidepreis hoch, denn dann gab es wegen der Feuchtigkeit wenig »Troad«.

Der Teufel auf dem Schneckenhauser See

Eine andere Sage vom Schneckenhauser See erzählte der Heimatforscher Hans Zunhammer aus Pittenhart so:
»Während der Christmette trieben bei hellem Mondenschein Männer auf dem Schneckenhauser See das Eisstock schießen, lästerten Gott und frevelten über seine Einrichtungen. Als es von weit her zur Wandlung läutete, sahen sie einen Mann mit Latte und Eisstock auf sie zugehen. Plötzlich holte er aus und schoß mit aller Wucht auf die abgeschossenen Stöcke, daß die Funken flogen. Darüber erschraken die Männer, und einer flüsterte dem anderen ins Ohr, das sei der Höllenfürst. Sprachlos zogen sie nach Hause.«

Frau Bercht in Gebertsham

Die heidnische Göttin Berchta spielt in der Sagenwelt des Chiemgaues eine wichtige Rolle. Die in der germanischen Mythologie freundliche Gottheit, die mit der Frau Holle identisch ist, wird in der Bergsage zum gefürchteten Schreckgespenst, zu der »Frau Bercht«, einer riesigen, hexenartigen alten Frau mit langer Nase. Besonders in den zwölf Rauhnächten und da vor allem an Weihnachten, Sylvester und Heiligdreikönig, treibt sie ihr Unwesen. Da begleitet sie die wilde Jagd und besucht – mit dem Sturm durch die Lüfte brausend – alle Häuser, auch die einsamsten Gehöfte, um nach dem Rechten zu sehen. Sie schaut durch die Fenster oder Kamine herein und prüft, ob die Mägde das Hauswesen ordentlich bestellt haben. Die Mädchen, die fleißig gewesen waren, brauchen nichts zu befürchten. Aber wehe den anderen!

Frau Bercht kommt dann in der Nacht, schneidet ihnen den Bauch auf, stopft ihn anstatt der Gedärme mit Kehricht, Spänen und Haaren voll, näht wieder zu und zündet sie an.

Wer nun Frau Bercht zu fürchten hatte, der mußte möglichst viele von den »Schuksen« (Schmalzgebäck aus Roggenmehl, das durch Auswalzen die Form einer Schuhsohle erhält), die nur an Silvester gebacken wurden, essen. Dann war er vor ihr sicher, denn dann war sein Bauch so prall gefüllt, daß, sollte die Frau Brecht kommen und ihn aufschneiden wollen, sie ständig mit dem Messer abrutschen und schließlich aus Zeitmangel das sinnlose Unterfangen aufgeben würde.

Auch um ungezogenen Kindern Angst einzujagen benutzte man das Schreckgespenst der Frau Bercht. In Gebertsham nahe Höslwang hielt einmal ein zorniger Vater seinen ungehorsamen Buben zum Fenster hinaus und rief: »Frau Bercht, nimm' diesen Fratzen da mit!« Kaum hatte er das gesagt, da wurde ihm – so heißt es – das Kind mit unwiderstehlicher Gewalt entrissen und fortgeschleppt. Man hat es nie mehr gesehen.

Das Marterl des Wildschützen bei Aiglsham

Ein lebenslustiger junger Bursche, der bei einem Weber Geselle war, machte einst die Wälder um Obing mit seinen Wilddiebereien unsicher. Immer wieder gelang es ihm, den herrschaftlichen Jägern die schönsten Böcke vor der Nase wegzuschießen, was diese natürlich sehr verärgerte. Besonders einer von ihnen war dem Wilderer, den er kannte und von dem er genau wußte, was er tat, dem er es aber nicht beweisen konnte, spinnefeind.

Eines Tages, es war an Fronleichnam, gelang es ihm, den gehaßten Weber westlich von Ilzham, am sogenannten Ertlberg, wie die Stelle noch heute heißt, auf frischer Tat zu ertappen. Er riß die Büchse an die Wange und erschoß den Wilderer, bevor dieser ihn hätte angreifen oder sich zur Wehr setzen können.

Empört über den Mord an dem Webergesellen, ließ ein Bauer aus Aiglsham ein Marterl aufstellen, auf dem das traurige Geschehen jedem Vorübergehenden in Erinnerung gebracht wurde. Der Todesschütze, der in Ausübung seines Dienstes oft diese Stelle passieren mußte, ärgerte sich jedesmal von neuem über das Marterl. Eines Tages packte ihn die Wut, und er feuerte ein paar Mal sein Gewehr darauf ab.

Wie es heißt, wuchs lange Zeit an dieser Stelle, wo der unglückliche Weber so jäh zu Tode gekommen war, kein Gras. Des Nachts war es dort auch nicht geheuer. Man konnte dann oft einen unbekannten, einsamen Beter vor dem Marterl knien sehen, von dem man nicht wußte, ob er in die diesseitige oder in die jenseitige Welt gehörte.

In späterer Zeit wurde das alte Marterl an der Straße nach Aiglsham durch ein neues aus Stein ersetzt.

Die drei Raubritter

Vor vielen Jahrunderten lebten auf dem Schloß bei Stephanskirchen im Chiemgau drei Brüder. Sie hießen Albert, Diepold und Stephan. Sie waren überall als wilde Kriegsgesellen und Raubritter verschrien. Sie sollen auch in Albertaich und Diepoldsberg Burgen gehabt haben, von denen aus sie ihre Raubzüge unternahmen. Die Bürger und Bauern der umliegenden Ortschaften zitterten vor ihnen und ihren Mordgesellen. Nichts war den Brüdern heilig. Sie überfielen ebenso reisende Kaufleute oder Pilger wie die Höfe und Häuser der Umgebung, raubten, mordeten und brandschatzten.

Als sie aber alt geworden waren und das Ende ihres irdischen Lebens herannahen fühlten, überkam sie mit einem Mal eine tiefe Reue über ihre Schandtaten, die sie in Kürze vor dem himmlischen Richter zu verantworten hatten. Sie gingen in sich, taten Buße und beschlossen, fortan ein frommes Leben zu führen. Als Sühne für die früheren Sünden erbaute jeder von ihnen eine Kirche, die jeweils nach ihrem Stifter benannt wurde: Albert die von Albertaich, Diepold die von Diepoldsberg und Stephan die von Stephanskirchen.

Wie die Kirche von Albertaich entstand

Niemand weiß genau, wann die Kirche von Albertaich erbaut wurde. Der Legende nach befand sich an der Stelle, wo heute das Gotteshaus steht, eine uralte Eiche, deren Stamm nur noch zur Hälfte vorhanden war. Fromme Leute hatten in einer Höhlung des Baumes ein Muttergottesbild angebracht, vor dem vorübergehende Menschen oft kurz stehenblieben und beteten. Wie es heißt, wurden viele der dort vorgetragenen Bitten erhört, und es soll sich auch manch wundersame Heilung ereignet haben. Wegen des großen Zulaufes, den das Muttergottesbild in der halben Eiche hatte, wurde bald eine Kirche er baut, die anfangs »Halbertaich« genannt wurde, ein Name, der im Laufe der Jahre zu »Albertaich« abgewandelt wurde. Noch lange Zeit war dieses Gotteshaus ein bekannter und oft aufgesuchter Wallfahrtsort.

Die Sage von Seeon

Eine ähnliche Sage wie über die Entstehung der Kirchen von Pittenhart oder Eggstätt wird über die Klostergründung von Seeon erzählt. Auch dort sollte der Bau ursprünglich an anderer Stelle, nämlich oben auf dem 571 m hohen Waltenberg, nördlich vom Seeoner See, errichtet werden. Schon war das Bauholz herbeigeschafft und am Waltenberg gelagert worden, und dem Baubeginn stand nichts mehr im Wege, da — so heißt es — trugen Engel in einer Nacht das gesamte Baumaterial hinunter zum See, an die Stelle, an der daraufhin das Kloster errichtet wurde.

Der gespenstische Mönch an der Alz

Nahe Truchtlaching an der Alz lag einst das Wasserschloß Poing, das während der Jahre 1643-1803 von den Truchtlachinger Pfarrherrn als Pfarrhof benutzt wurde. Von dem alten Schloß hat nur ein Einödhof, der am Ufer des Flusses steht, die Zeiten überdauert. Dort soll es, so erzählen die Leute, zu

gewissen Zeiten nicht ganz geheuer sein. Dann läßt sich ein gespenstischer Mönch sehen, der an diesem Ort umgehen muß. Den Grund dafür weiß heute niemand mehr. Manchmal schwebt er nebelhaft über der Alz, ein anderes Mal wieder schaut er geisterbleich durch die Fenster des Einödhofes.

Die Brunnenkapelle in Traunwalchen

Viele Jahrhunderte hindurch wurde eine Quelle bei Traunwalchen, »Frauenbrunn« genannt, von Leuten aufgesucht, die an Augenkrankheiten litten, denn ihr Wasser galt von Alters her als besonders heilkräftig dafür.

Einst wurde die Tochter des Freiherrn Ladislaus von Toerring, dessen Besitz Pertenstein ganz in der Nähe lag, von einem sehr schmerzhaften Augenleiden befallen. Als alle ärztliche Kunst versagt hatte, brachte man dem Edelfräulein Wasser von der heilkräftigen Quelle. Und siehe da, als es einige Male die Augen damit benetzt und gebadet hatte, wurde es wieder gesund. Daraufhin ließ der dankbare Vater – so heißt es – im Jahre 1606 die Brunnenkapelle über dem Frauenbrunn errichten.

Der wilde Ritter Heinz von Stein

Nahe Altenmarkt, in dem kleinen Ort Stein an der Traun, befindet sich eine ganz in eine steile Felswand eingehauene

Höhlenburg. Dort soll – der Sage nach – ein Raubritter gehaust haben, der ein wahres Ungeheuer gewesen sein soll, Heinz von Stein. Raub, Vergewaltigung, Brandstiftung und Mord waren sein Tagewerk. Er wurde »der Wilde« genannt, nicht nur wegen seines schrecklichen Aussehens, sondern vor allem wegen der zahlreichen Untaten und grausamen Verbrechen, die er beging.

»Der Heinz von Stein
hat krumme Bein
und einen entslangen Zahn;
und wen er trifft, den beißt er z'samm.«

So heißt es in einem alten Volksreim, in dem auf die zwei übergroßen, hervorstehenden Zähne des Ritters angespielt wird, die sein Gesicht entstellten und ihm wegen der dadurch aufgestülpten Oberlippe eine Ähnlichkeit mit einem Eber verliehen. Er war ein bärenstarker Mann von gedrungenem Körperbau, dessen ohnehin schon furchteinflößendes Äußeres noch durch einen struppigen Räuberbart und eine wilde Haarmähne unterstrichen wurde.

Mit seinen Mordgesellen tyrannisierte er von seinem Schlupfwinkel in Stein aus die ganze Gegend ringsum. Kloster Baumburg und den Maierhof zu Trostberg (der Ort bestand zur damaligen Zeit nur aus diesem Gutsbesitz) wählte er häufig als Ziele seiner Überfälle. Wohl setzten sich die Bewohner zur Wehr, konnten ihm aber meist nichts anhaben, weil er sich anschließend schnell wieder in seiner unangreifbaren Felsenburg in Sicherheit brachte. Auch die einfachen Bauern im Chiemgau waren oft Opfer seiner Gewalttaten. Er holte sich ungeniert auf ihren Höfen alles, was er gerade brauchte, ohne jemals dafür zu bezahlen. Im Gegenteil, die Geschädigten mußten noch froh und dankbar sein, wenn er sie körperlich nicht zu sehr drangsalierte und ihnen nicht den roten Hahn aufs Dach setzte. Zudem zertrampelte die berittene Horde rücksichtslos die Felder und Wiesen der Bauern und richtete dadurch beträchtlichen Schaden an. Tag und Nacht hielten die Kundschafter des Raubritters in der ganzen Gegend Ausschau nach Leuten, die es sich zu berauben lohnte, beispielsweise nach vornehmen Adeligen oder reichen Kaufmännern. Wurde ihm dann das Herannahen eines Wagenzuges gemeldet, so schwärmte er mit einer großen Zahl schwerbewaffneter Kumpane aus, umzingelte die Reisenden, machte alles nieder, was sich ihm in den Weg stellte, raubte alles, was des Mitnehmens wert war und schleppte Leute, von denen er glaubte, ein hohes Lösegeld erpressen zu können, in seine Burg, wo er sie in feuchten, finsteren Verliesen gefangenhielt. Bekam er das erhoffte Lösegeld nicht, so ließ er die Unglücklichen aus Rache grausam foltern und töten.

Manchmal, wenn es in der Umgebung nichts mehr zu holen gab, dehnte er seine Beutezüge bis zum Inn aus, fing dort schwerbeladene Handelsschiffe ab und erleichterte sie um ihre Güter. Dann verschanzte er sich wieder in seiner Höhlenburg und wartete dort – wie eine Spinne im Netz – auf neue Opfer.

Kein schönes Mädchen im weiten Umkreis war vor dem Unhold sicher. Hatte eine hübsche Bauerntochter das Pech, sein Gefallen zu erregen, so ruhte er nicht eher, als bis er sie mit List oder Gewalt in seine Burg geschleppt hatte. Widersetzte sich ihm die Unglückliche oder gefiel sie ihm nach einer Weile nicht mehr, so ließ er sie in eines der zahlreichen Felsenlöcher sperren und dort verhungern oder aber grausam zu Tode foltern. Wie es heißt, stellte der Blaubart die Mädchen oft auch auf eine seltsame Probe. Zeno Reisberger beschrieb diese Anfang des Jahrhunderts so: »Er gab der zu Prüfenden ein Ei, welches sie immer in der Hand halten mußte, und verbot ihr, eine bestimmte Türe in der Burg zu öffnen. Konnte sie nun die Neugierde nicht überwinden und öffnete, so sah sie in einem unheimlichen Kerkerloch frühere Opfer des Lüstlings mit Ketten gefesselt und halb verhungert am Boden schmachten. Durch diesen entsetzlichen Augenblick erschrak sie meist so sehr, daß ihr das Ei zu Boden fiel und zerbrach. Zur Strafe für die nicht bestandene Prüfung wurde sie dann selber in das Felsenloch gesperrt oder nach schrecklichen Qualen in den tiefen Brunnenschacht geworden.«

Einmal jedoch verliebte sich dieser grausame Unhold in ein Mädchen. Die Angebetete war die Tochter des Gutsbesitzers Hans Gravenecker, dem der Maierhof von Trostberg gehörte. Sie hieß Waltraud und war das schönste Mädchen weit und breit. Immer wieder versuchte Heinz von Stein, sich ihr zu nähern und sie für sich zu gewinnen. Ihr Vater aber war wachsam und beschützte sein Kind vor dem gottlosen Raubritter gut. Da geriet dieser in Zorn und setzte erst recht alles daran, der schönen Waltraud habhaft zu werden. Tag und Nacht mußten seine Männer schuften und einen mehrere Kilometer langen Gang graben, der an einer Stelle im Besitz des Graveneckers ans Tageslicht kam, wo – wie er erfahren hatte – dessen Tochter sich oft aufhielt. Als das Mädchen sich wieder einmal mit ihren Freundinnen dort befand, sprang Heinz von Stein plötzlich aus dem Geheimgang hervor und entführte die vor Schrecken wie gelähmte Waltraud in seine düstere Burg. Der Gravenecker versuchte mit allen Mitteln, den Raubritter zur Herausgabe seiner Tochter zu zwingen. Der aber lachte nur über die vergeblichen Bemühungen des verzweifelten Vaters und hielt Waltraud weiterhin gefangen. Zwar behandelte er sie – im Gegensatz zu seinen früheren Opfern – mit Aufmerksamkeit, denn er wollte ihre Liebe erringen, aber so sanft er sich auch gebährdete und so schön er ihr auch tat, sie wollte nichts von ihm wissen.

Inzwischen wandte sich der Vater an verschiedene Fürsten in Bayern und Salzburg, beklagte das Unrecht, das ihm von

Heinz von Stein angetan worden war und bat um den Beistand der hohen Herren. Der Raubritter, der davon erfuhr, ließ nun auch den Gravenecker in seine Höhlenburg schleppen, sperrte ihn dort in ein Verlies, bedrohte ihn mit der Folter und schwor, ihn nicht eher freizugeben, als bis dieser seine Tochter dazu gebracht habe, daß sie ihn liebe. Sodann führte er Waltraud zu ihrem Vater und ließ die beiden alleine, in der Hoffnung, der Gravenecker würde das Mädchen, eingedenk seiner verzweifelten Lage, umstimmen, so daß sie sich ihm gegenüber künftig freundlicher zeigen würde. Der aber gab ihr einen Dolch, den er unter seinem Gewand verborgen gehalten hatte, damit sie dem Unhold wenigstens nicht völlig schutzlos ausgeliefert wäre.

Inzwischen hatte noch ein anderer Mann Pläne zur Befreiung Waltrauds geschmiedet. Er hieß Gottfried Gebsattel und war der heimliche Verlobte des Mädchens. Er hatte sich gleich nach dessen Entführung unter die Gefolgsleute des Raubritters aufnehmen lassen und war durch diese List unbeschadet mitten in die Höhle des Löwen gelangt. Als nun die Soldaten der Fürsten aus Bayern und Salzburg, die der Gravenecker zu Hilfe gerufen hatte, in der folgenden Nacht vor Stein ankamen, öffnete ihnen der junge Mann das Tor und verschaffte ihnen dadurch Zugang zu der sonst uneinnehmbaren Felsenburg.

Durch den Kampfeslärm, verursacht durch einige Wachen, die sich den Eindringlingen entgegenstellten, erwachte der Ritter. Als er erkannte, daß seine Sache verloren war, stürmte er in das Zimmer, in dem Waltraud gefangen war, um mit ihr durch die unterirdischen Gänge zu entfliehen.

Das Mädchen aber glaubte, als Heinz von Stein mitten in der Nacht mit furchterregendem Gesichtsausdruck in ihr Gemach eindrang, er wolle ihr ein Leid antun. Fast von Sinnen vor Angst stieß sie sich den Dolch, den ihr der Vater gegeben hatte, mitten ins Herz und sank tot zu Boden.

Im gleichen Augenblick stürzte Gottfried Gebsattel mit dem blanken Schwert in der Hand ins Zimmer, um seine Braut zu befreien. Er glaubte, Heinz von Stein hätte Waltraud umgebracht, sprang außer sich vor Schmerz und Wut auf ihn zu und stieß ihm das Schwert in den Leib. Ein Soldat, der unmittelbar hinter Gottfried hereingekommen war, versuchte die Bluttat noch zu verhindern, indem er schrie: »Halt ein, Gottfried, er ist dein Vater!« Aber es war zu spät. Sterbend lag der von allen gehaßte und gefürchtete Raubritter auf der Erde. Gottfried Gebsattel, der tatsächlich der uneheliche Sohn des Heinz von Stein war, es aber bis zur Stunde nicht gewußt hatte, wurde von einer solch tiefen Verzweiflung über den Vatermord, den er begangen, und über den Tod seiner geliebten Braut erfaßt, daß er sich in sein eigenes Schwert stürzte und ebenfalls sein Leben aushauchte.

Soweit die grausige Sage.

In der Höhlenburg von Stein hängt heute noch ein Gemälde, das den schrecklichen Raubritter mit den Eberzähnen darstellt. Neben dem Bild steht folgender Spruch:

»Hainz von Stain ein wilder Schnaphan
den mädljes hott vill lait anthan
aber die münchner in allen ehrcn
dieweil er thät da(s) ganz land beschweren
die wasser- und salzburger allmitsamb
im's Handwerkh geleget han.
Den sie brachen ihm in's Veste,
Siegfried Gebsattle that das beste.
Er stach den Hainz tod zum Lon,
und ward sein Son,
wußt nix davon.
Der Hainz hat ihm sein Lieb geraubt,
Waltraud von Trostberg, wie man seit (sagt).«

Der Geist der Gräfin Adelheid auf Baumburg

Auf seinem Totenbette hatte Graf Marquart II. von Hohenstein seiner jungen Gemahlin Adelheid seinen gesamten Besitz hinterlassen und nur die Bedingung gestellt, sie möge mit einem Teil des Geldes an geeigneter Stelle in seiner Grafschaft – zur Sühne für seine Sünden – ein Kloster errichten lassen oder sein Schloß Baumburg zu einem Kloster umbauen lassen. (vgl. Sage: Der Geisterwagen der Gräfin Adelheid). Adelheid versprach es dem Sterbenden.

Bald nach seinem Tod heiratete die blutjunge Gräfin, die ja nur zwei Monate lang mit Marquart vermählt gewesen war, den Grafen Ulrich von Pütten – auch »Vielreich von Baiern« genannt, der im Jahre 1099, also nur 3 oder 4 Jahre später bei einem Turnier ums Leben kam. Nach so kurzer Zeit erneut Witwe, diesmal mit einer Tochter namens Juditha, verehelichte sich die bildschöne Gräfin ein drittes Mal, und zwar mit dem Grafen Berengar II. von Sulzbach.

Immer wieder hatte Adelheid die Erfüllung des Versprechens, das sie ihrem ersten Mann gegeben hatte, hinausgeschoben. Als sie aber krank wurde und den Tod herannahen fühlte, ließ sie Berengar in Gegenwart von zwölf Rittern feierlich schwören, daß er das Kloster – dem Wunsche Marquarts entsprechend – an ihrer Stelle gründen würde. Sie bestimmte weiterhin, daß ihre sterbliche Hülle einst in diesem Kloster zur Ruhe gebettet werden sollte. So kam es, daß der Sarkofag mit ihrem Leichnam zwölf Jahre nach ihrem Tod von Sulzbach überführt und in Kloster Baumburg endgültig beigesetzt wurde.

Doch obwohl Berengar an ihrer Stelle das Gelübde erfüllte, soll – der Sage nach – die schöne Gräfin keine Ruhe in ihrem

Grab gefunden haben. Wie die Bewohner Baumburgs und der umliegenden Ortschaften erzählten, soll sie — keineswegs in schöne Gewänder, sondern in ein graues Tuch gehüllt — öfter mit angezogenen Füßen umhergeschwebt sein, und das nur in so geringer Höhe über dem Erdboden »daß sie noch Menschen und Rosse streift«. Viele Leute aus der Gegend bezeugten, sie so gesehen zu haben.

Das französische Königspaar auf dem Altarbild von Baumburg

Auf dem Hochaltarbild der Klosterkirche von Baumburg ist der französische König Ludwig XIV. mit seiner Gemahlin, die den Thronfolger auf dem Arm hält, dargestellt. Sie sind aber nicht — wie man annehmen möchte — im Königsornat des französischen Herrscherhauses gemalt, sondern in Gewändern und Krone nach Art der bayerischen Kurfürsten. Wie es dazu kam, steht im »Anhang zur heimatkundlichen Stoffsammlung Traunstein« zu lesen:

»1756 nahm der bayr. Kurfürst Maximilian III. Josef mit seiner Gemahlin und großem Gefolge einen mehrwöchigen Aufenthalt im Kloster Baumburg. Damals wurde gerade die Kirche umgebaut und erneuert. Da die Kirchenpatronin Margareta als Fürsprecherin kinderloser Ehepaare galt, ließ der Kurfürst alle Sonntage in Baumburg um einen Thronfolger beten. Vermutlich hat er auch das Altarbild als Votivbild zu diesem Zweck gestiftet. Es stellt aber nicht den bayr. Kurfürsten, sondern den franz. König dar, weil dessen Wunsch bereits in Erfüllung gegangen war. Der Bayr. Kurfürst aber und seine

Gemahlin blieben kinderlos, und die Gesichtszüge Ludwigs XIV. auf dem Altarbild wurden nicht geändert, was wohl geschehen wäre, wenn Maximilian III. einen Thronerben erhalten hätte.«

Der Schlupfstein von Sankt Wolfgang

In Sankt Wolfgang nahe Altenmarkt soll einst der heilige Wolfgang eine Weile geblieben sein, den Bewohnern der Gegend den christlichen Glauben verkündet und Kranke geheilt haben. Zwei Steine mit Mulden, die der Legende nach die Fußabdrücke des Heiligen sind, befinden sich in der Kirche St. Wolfgang, der eine neben dem Eingang, der andere vor dem Altar. Dort ist auch der »Schlupfstein«, ein Felsbrocken aus Rotmarmor mit einer engen Öffnung, durch die ein schlanker Mensch gerade noch hindurchkommt.

Diesem Stein wird Heilkraft bei Kreuzschmerzen oder auch bei Kinderlosigkeit nachgesagt. In früheren Zeiten galten solche Schlupfsteine als Zaubersteine bei denen der Mensch beim Hindurchzwängen gleich einer Schlangenhaut seine körperlichen Mängel oder seine charakterlichen Fehler abstreifen wollte.

Der Haberwawa

Ein sehr eigenwilliger Geist, der die Bauern oft boshaft bei der Ernte behinderte, ihnen aber andererseits manchmal beim Einbringen des Getreides half, ist – laut Sage – der Haberwawa. Alexander Schöppner schrieb Mitte des vorigen Jahrhunderts über ihn:

»In der Gegend am Inn haust ein toller Geist: der Haberwawa. Er treibt sich gerne auf Haberfeldern und Wiesen um und mag's nicht leiden, wenn die Leute das Getreide schneiden und einführen. Manchmal hilft er jedoch selber mit, und dann geht's so geschwind vonstatten, daß die Bauern nicht begreifen, wie's zugeht.«

Der Geist soll sein Unwesen aber hauptsächlich im Zwielicht des scheidenden Tages oder bei Dunkelheit getrieben haben, am hellen Tage soll er nur selten zu sehen gewesen sein.

Der unselige Geist im Getreidespeicher

Nahe Trostberg lebte einst ein sehr reicher Getreidehändler. Er ging in Samt und Seide, und alle Tage kamen die köstlichsten Speisen auf seinen Tisch. Dabei rührte es ihn nicht im mindesten, daß die Bauern in der Umgebung zur selben Zeit oft nicht einmal das Nötigste zum Leben hatten. Aber er war nicht nur ein hartherziger Geizhals, der alles, was er besaß, für sich ganz alleine behalten wollte, viel schlimmer war es, daß er sein riesiges Vermögen auf Kosten der Armen erworben hatte und es auch auf ihre Kosten ständig vergrößerte.

Er betrog nämlich die Leute mit einem falschen Scheffelmaß, das innen einen gewölbten Boden hatte, so daß anstatt eines ganzen Scheffels nur etwa die dreiviertelte Menge darin Platz hatte. Auch die Gewichte, mit denen er die Kornsäcke der Bauern aufwog, waren zu schwer. So bezahlte er ihnen viel weniger Geld, als er es, dem richtigen Gewicht der Säcke nach, eigentlich hätte tun müssen. Außerdem verlangte er – gerade in Hungerszeiten – Wucherpreise für ein wenig Getreide, weil es die Menschen in ihrer Not um jeden Preis, den er forderte, nahmen. Wohl hatten viele den Verdacht, daß er sie betrogen hatte, aber nachweisen konnten sie ihm nichts.

Durch derlei schändliche Machenschaften hatte er seinen Reichtum zusammengerafft. Aber es sollte ihm kein Glück bringen. Nach seinem Tode konnte er, mit solch schwerer Schuld auf dem Gewissen, im Grab keine Ruhe finden. Fast jede Nacht ging er in dem Haus, in dem er zu Lebzeiten gewohnt hatte, auf dem Getreidespeicher um. Den verängstigten Bewohnern erschien er dabei in verschiedenen Gestalten, manchmal winzig klein wie ein Zwerg, ein andermal als riesiges Gespenst mit tellergrossen, glühenden Augen. Dann polterte er schreckenerregend herum. Am anderen Morgen fand man die falschen Gewichte und Scheffel völlig durcheinandergeworfen, so, als wolle der Geist verhindern, daß sie weiter verwendet würden. Nachts konnte man in dem Haus oft kein Auge zutun, solch einen Lärm verursachte er. Als sich die Töchter des Verstorbenen nicht mehr zuhelfen wußten, fragten sie einen sehr alten, als weise bekannten Kapuziner in Altötting, wie sie der Seele ihres Vaters Ruhe verschaffen könnten.

»Streut in der nächsten Nacht über den ganzen Speicherboden eine dünne Schicht Mehl«, riet ihnen der Ordensmann, »dann könnt ihr an den Fußspuren erkennen, ob er noch erlöst werden kann oder nicht. Sind die Abdrücke von Geißhufen zu sehen, so ist seine Seele verloren, sind es Menschenfüße, so kann sie gerettet werden.«

Die Schwestern taten, wie er ihnen vorgeschlagen hatte. Und als der Ruhelose in der Nacht wieder sein Unwesen getrieben hatte, gingen sie am nächsten Morgen in den Speicher, um zu sehen, welche Art von Spuren er hinterlassen hatte. Da konnten sie im Mehlstaub ganz deutlich die Abdrücke von Menschenfüßen erkennen. Sie begaben sich nun abermals zu dem Kapuziner und berichteten ihm voller Freude, daß die Seele ihres Vaters gerettet werden könne. Sie baten ihn, doch zu sagen, wie sie das anstellen sollten.

»Ihr müßt die Schuld, die euer Vater auf sich geladen hatte, an seiner Statt tilgen«, verlangte der fromme Mann, »dann erst kann er die ewige Ruhe finden.«

»Wie sollen wir das machen?« fragten die Frauen etwas zögernd, denn in ihren Herzen wußten sie sehr wohl, was sie zu tun hatten, weil ihnen die Betrügereien ihres Vaters kein Geheimnis waren. Der Kapuziner sah sie prüfend an und forderte mit ernster Stimme:

»Gebt einen Teil eures Vermögens dem Kloster in Altötting mit der Auflage, daß es an die Armen verteilt werden soll. Dann wird das Gut, das er auf unrechte Weise erworben hat, wieder denen zukommen, denen er es genommen hat. Damit ist sein Vergehen wieder gutgemacht.«

Die Schwestern bedankten sich für den Rat und verabschiedeten sich. Der Vorschlag des frommen Mannes behagte ihnen aber ganz und gar nicht, denn sie hatten den unseligen Geiz ihres Vaters geerbt. Sie besprachen sich miteinander und kamen dabei überein, daß sie kein Geld für die Armen stiften würden.

»Wir sind doch nicht schuld daran, daß er die Leute betrogen hat«, suchte die eine ihr Gewissen zu beschwichtigen, »warum sollen wir dafür büßen?«

»Du hast recht, Schwester, wir haben mit dem Schwindel nichts zu tun«, pflichtete ihr die andere Schwester scheinheilig bei. »Außerdem ist das Gepolter im Speicher so arg nun auch wieder nicht. Wir werden uns sicher mit der Zeit daran gewöhnen.«

Und so verzweifelt der Geist ihres Vaters – auf Erlösung hoffend – auch in Zukunft umging, sie kümmerten sich nicht darum. Sie stopften sich Watte in die Ohren, um von dem Lärm nicht gestört zu werden, und unternahmen nichts, um ihm zu helfen. Wie es heißt, spukte es noch sehr lange Zeit in dem Haus. Ob es sich dabei um den Geist des Getreidehändlers oder später um die Seelen seiner hartherzigen Töchter handelte, darüber wird nichts Genaues berichtet.

Woher Trostberg seinen Namen hat

Mitte des vorigen Jahrunderts schrieb der Sagenforscher Alexander Schöppner über den Namen der Stadt folgendermaßen:

»Die Volkssage weiß, wie das Christentum schon frühzeitig um Trostberg Wurzel faßte. Man erzählt sich, daß zur Zeit der Verfolgungen die geängstigten Christen in den Schluchten des Bergrückens, an dessen Fuß Trostberg liegt, heimlich Versammlungen gehalten, also dort Trost gefunden hätten. Die Höhlen sind noch zu sehen, obwohl sie so klein sind, daß nicht viele Menschen Platz darin finden.«

Später, so heißt es, siedelten sich die verfolgten Christen am Fuße des Berges an und nannten den Ort Trostberg.

Die heilsame Luft von Trostberg

In früheren Zeiten, als sich noch keine stinkenden Autoschlangen mühsam durch den Ort wälzten, soll die Luft in Trostberg so rein und gesund gewesen sein, daß zu Pestzeiten die Leute von weit her kamen, um dort Zuflucht vor der Seuche zu suchen. So zog sich auch Herzog Ludwig einst in schweren Zeiten in das Trostberger Schloß zurück und verlieh später aus Dankbarkeit dem Ort verschiedene Privilegien (im Jahre 1457).

Der Brückenbau über die Alz bei Trostberg

Als einmal ein Baumeister aus dem Schwabenland damit beauftragt war, in Trostberg eine Brücke über die Alz zu bauen, unterschätzte er den Fluß und errichtete ein zu niedriges und zu leichtes Gerüst. Ein Bürger der Stadt, der den Arbeiten zusah, machte ihn darauf aufmerksam. Der Baumeister war über diese Einmischung in sein Handwerk sehr ärgerlich und erklärte: »Für das Entenwässerle isch's guet gnug!«
Aber kurze Zeit später bereute er bitter, der Mahnung kein Gehör geschenkt zu haben. Über Nacht war die Alz zu einem wilden, reißenden Gewässer angeschwollen, das die Balken des von ihm erstellten Gerüstes wie Streichhölzer knickte und hinwegschwemmte.
Kleinlaut mußte der Baumeister mit seinem Werk von neuem beginnen. Diesmal aber beherzigte er den Rat des Bürgers und errichtete die Brücke höher und die Pfeiler stärker, als er es vorher geplant hatte.

Flachsbräuche
aus der Gegend von Trostberg

In der Trostberger Gegend gab es in früheren Zeiten beim Säen und bei der Bearbeitung von Flachs verschiedene Bräuche und abergläubische Riten. Der Heimatforscher Friedrich Panzer berichtete in seinem Buch: Bayerische Sagen und Bräuche 1848 darüber:
Das Hàrsäen (Säen des Leinsamens) geschieht immer vormittags, damit der Hàr vormittags blüht; nachmittags gesäet, blüht er nachmittags, und das ist nicht gut.

Das Hàrfangen (Flachsausziehen) wird mittags zur zwölften Stunde begonnen und muß am andern Tag bis zehn Uhr vormittags vollendet sein. Daher rechnet man auf einen Vierling Leinsamen eine Person zum Hàrfangen. Auf dem Acker bleiben drei Flachsstengel stehen und werden mit einer Schmiele zusammengebunden.

Das Hàrriffeln (Flachsriffeln) wird nachmittags im Stadel von Mannsbildern und Weibsbildern begonnen. In der Abenddämmerung, zu unbestimmter Zeit, kommen die Holzeintrager, vermummte, geschwärzte, unbekannte Leute, zu drei oder vier, gewöhnlich zwei Mannsbilder und zwei Weibsbilder, in die Küche, wo sie von der Bäuerin bewirtet werden. Inzwischen sind die Arbeiter auseinander gelaufen, haben Wasser in Schäffeln beigebracht und erwarten die Holzeintrager aus der Küche. Diese suchen nun unter wechselseitigem Begießen, durch die Arbeiter durchzukommen; dann geht im Hof das Wasserbeschütten erst recht an. Nun wird wieder gearbeitet bis zum Abendmahl. Vor demselben schlagen zwei Mannsbilder, in jeder Hand einen Stab, auf ein Brett im Takt von acht Drischeln, daß man es weit hört. Auf dieses Zeichen kommt die Nachbarschaft zum Tanz bei Zither und Schwegelpfeife. Zur zwölften nachts wird das Hàrriffeln wieder begonnen und muß mit Ablauf der zwölften Stunde mittags vollendet sein, wo dann das Riffelmahl gehalten wird. Da gibt es Kuchen von Weizen und Roggen und andere Speisen. Bei manchen Bauern wird aufgetragen wie am Kirchtag. Die letzte Speise ist der Jungfernschmarrn mit der Jungfernmilch. In der Mitte des Schmarrens und am Rande herum stehen die Hàrfangbüschel, aus Hàr mit vergoldeten Bollen, Rosmarin und allerlei Blumen gebunden. Der mittlere ist der größte und schönste. Jedes Mannsbild sucht den ersten Löffel Jungfernmilch und den großen Hàrfangbüschel zu erhaschen.

Wie die Cholerakapelle bei Kammer entstand

Im 19. Jahrhundert wurde Bayern von einer verheerenden Choleraepidemie heimgesucht, die manche Orte nahezu ausrottete. Seltsamerweise aber wurde in dem kleinen Dorf Kammer, das zwischen Traunreut und Traunstein liegt, niemand von der Krankheit befallen. Das schien einem Bauern aus der Nachbarschaft eine himmelschreiende Ungerechtigkeit zu sein und ärgerte ihn maßlos, weil er seit je einen Groll auf die Kammerer hatte. Als er merkte, daß auch ihn die Seuche mit ihren unbarmherzigen Klausen ergriffen hatte, rief er voller Erbitterung:

»Die Kammerer sind auch nicht besser als wir! Warum sterben wir hier wie die Fliegen, und von denen da keiner? Das wird bald anders werden!«

Voller Haß machte er sich auf den Weg nach Kammer, um dort die Krankheit einzuschleppen. Glücklicherweise konnte er sein teuflisches Vorhaben nicht durchführen. Er hatte gerade erst das Gemeindegebiet von Kammer erreicht, als sich sein Zustand derart verschlechterte, daß er nicht mehr in der Lage war, weiterzugehen. Er sank zu Boden und verschied, und mit ihm seine böse Absicht.

So gab es auch künftig in Kammer keinen einzigen Cholerafall zu beklagen. Aus Dankbarkeit erbauten die Bewohner des Ortes an dem Weg, der von Kammer nach Waging führt, eine kleine Kapelle. Sie heißt seit der Zeit nur »Cholerakapelle«.

Der Spuk im Pferdestall

Ein seltsamer Spukfall soll sich vor geraumer Zeit in dem Ort Waging am Waginger See auf dem Hof des Bauern Maier zugetragen haben. Jeden Tag zu der Stunde, in welcher der Knecht die Pferde fütterte, sprang plötzlich ein unheimliches graues Schaf, keiner konnte sagen, woher es gekommen war, in die Streuhütte. Dort tobte es wie von Sinnen umher, so daß alles durcheinanderflog. Niemand war imstande, das gespenstische Wesen zu bändigen. Anschließend verschwand es auf die gleiche unerklärliche Art und Weise, wie es gekommen war. Lange Zeit hindurch ereignete sich das Tag für Tag. Bald wagte keiner der Dienstboten mehr, die Pferde zu füttern, solche Angst hatten alle vor dem grauen Schaf. Als sich der Bauer nicht mehr anders zu helfen wußte, versprach er:

»Ich werde eine Wallfahrt nach Altötting machen, barfuß und jetzt im Winter, damit der Spuk endlich ein Ende hat.«

Aber sei es, daß er sich nicht genau an sein Versprechen gehalten hatte, sei es, daß er die Wallfahrt nicht in der rechten Gesinnung unternommen hatte, jedenfalls erschien das graue Schaf nach wie vor im Stall.

In seiner Not wandte sich der Maier an den Pfarrer von Waging. Dieser riet ihm, mehr und andächtiger zu beten, und wies ihn an, jeden Tag – zusätzlich zum Tischgebet – noch eigens ein Vaterunser zu beten und dabei jedesmal um Erlösung von dem Spuk zu bitten.

Der Bauer und sein Gesinde taten, was der Hochwürdige Herr angeordnet hatte. Und siehe da, von Stund an war das graue Schaf verschwunden. Kein Mensch hat es seither noch einmal gesehen.

Das Gespenst ohne Kopf am Waginger See

Auf der Ostseite des Waginger Sees – dort, wo heute das Dorf Lampoding liegt – erhob sich früher auf einer Anhöhe eine stolze Burg, ringsum von ausgedehnten Wäldern umgeben. Der Graf von Lampoding, der sie bewohnte, forderte von allen Fremden, die sein Land durchquerten und dabei seine Straße benützten, eine Abgabe. Um diese eintreiben zu können, hatte er zwischen Tengling, Wolkersdorf und Lampoding an einem schmalen Hohlweg, wo niemand ausweichen und sich so um die Zahlung drücken konnte, einen rot-weiß gestrichenen Schlagbaum und ein Zollhaus aufgestellt. Wer hindurch wollte, mußte an seine Knechte den Wegzoll entrichten, erst dann wurde die Schranke geöffnet. Zu jener Zeit ritt einmal ein vornehmer Kaufmann mit seinem Troß durch die Wälder des Herrn von Lampoding. Er führte auf einem schwer beladenen Ochsenkarren wertvolle Fracht mit sich, die von sechs bewaffneten Gefolgsleuten bewacht wurde. Es war eine bitterkalte Winternacht. Der Sturm heulte schaurig durch die Bäume und ließ die Menschen bis ins Mark erschauern. Dazu fiel unablässig Schnee vom Himmel, und der Weg war derart zugeschneit und verweht, daß die Fahrrillen und Schlaglöcher nicht mehr erkennbar waren. Häufig blieb deshalb der Wagen stecken, kippte fast um oder kam nur knapp an einem Achsbruch vorbei.

Mühsam und fluchend kämpften sich die Männer vorwärts und sehnten sich danach, endlich in ein warmes Nachtquartier zu kommen. Mitten in einem Waldstück, das ganz von Buchen bewachsen war – ein kleiner Teil davon besteht bis auf den heutigen Tag und wird von den Einheimischen »Buchet« genannt – versperrte ihnen plötzlich eine Schranke den Weg. Wegen des dichten Schneetreibens und dem nur ungenügenden Licht der Fackeln, die der Troß mit sich führte, hatte der erste Reiter das Hindernis zu spät gesehen und wäre fast darüber zu Fall gekommen. Es war der geschlossene Schlagbaum des Herrn von Lampoding.

Laut schimpfend stieg der Mann vom Pferd, um den Balken wegzuräumen und so dem Ochsenkarren die Durchfahrt zu ermöglichen. Aber er hatte die Rechnung ohne den Wirt gemacht. Ein paar Augenblicke später tauchte etwa ein Dutzend bis an die Zähne bewaffneter und stark gepanzerter Reiter auf und hinderte ihn daran.

»Hoppla, Freund, nicht so hastig!« rief der Vorderste. »Erst habt ihr den Wegzoll an den hochedlen Grafen von Lampoding zu entrichten, vorher dürft ihr nicht passieren!«

»Was«, schnaubte der Angesprochene wütend, »für diesen Buckelweg, auf dem ein Schlagloch neben dem anderen ist, wollt ihr auch noch Geld?«

Einer seiner Kameraden, der inzwischen herangekommen war, mischte sich in den Wortwechsel ein und schimpfte:

»Der Weg ist in einem derart schlechten Zustand, daß unser Wagen fast zu Bruch gegangen wäre. Es ist eine Frechheit, dafür Zoll zu verlangen! Eher solltet ihr diejenigen bezahlen, die den Weg benutzen und ihn glattwalzen!«

Das ließen sich nun die Zöllner des Grafen nicht gefallen, und bald war ein handfester Streit im Gange. Kurzerhand beschlagnahmten die Lampodinger den Ochsenkarren mit der wertvollen Fracht und weigerten sich, ihn herauszugeben, bevor nicht die fällige Gebühr bezahlt sei. Diese willkürliche Handlungsweise brachte das Blut des vornehmen Handelsherren in Wallung. Voller Empörung verlangte er in hochmütigem, gebieterischen Ton:

»Gebt sofort meinen Wagen zurück, elendes Pack! Ihr habt ihn euch wider alles Recht angeeignet. Wahrscheinlich seid ihr gar nicht Bedienstete des Grafen sondern nur gemeines Räubergesindel!«

Diese beleidigenden Worte reizten einen der Lampodinger, der für seinen Jähzorn bekannt war, dermaßen, daß er ohne zu überlegen sein Schwert aus der Scheide riß und, ehe ihn jemand daran hindern konnte, dem fremden Kaufmann mit zwei gewaltigen Hieben den Kopf abschlug.

Seit dieser schrecklichen Bluttat sind Jahrhunderte vergangen. Die Burg des Herrn von Lampoding steht längst nicht mehr, und Gras wächst dort, wo sie einst gewesen. Auch das Geschlecht der Grafen ist erloschen und in Vergessenheit gesunken. Aber der Mord an dem Kaufherrn ist nicht aus dem Gedächtnis der Menschen verschwunden. Es heißt, daß die Seele des Unglücklichen keine Ruhe finden könne und noch immer an der Stelle, wo ehemals der Schlagbaum gewesen war, umgehe. Der Geist wird als ein Wesen beschrieben, wie aus Feuer gemacht, so lodernd und durchscheinend, aber doch in

Gestalt eines Menschen. Den abgeschlagenen Kopf soll er unter dem Arm tragen und laut rufend umherirren und seinen Mörder suchen.

Die Einheimischen nennen dieses schaurige Gespenst das »Schrannenbaummandl«. Vor allem in wilden Sturmnächten soll sein klagendes »Wehe, wehe!« weithin zu vernehmen sein. Besonders in früheren Zeiten wollten viele, die am Waginger oder am Tachinger See wohnten, den Unheimlichen gehört oder gar selbst gesehen haben. Gar schlimm aber soll es denjenigen gehen, — so wird weiter erzählt —, die selbst ihre Hände mit dem Blut eines anderen Menschen befleckt haben. Wenn sie in den Bereich des »Schrannenbaummandls« kommen, so sind sie verloren. Untrüglich erkennt der ruhelose Geist jeden Mörder, bemächtigt sich seiner mit unwiderstehlicher Gewalt und wirft ihn in den Waginger See, wo er jämmerlich ertrinken und seine Schuld büßen muß. Wieviele auf diese Weise den nassen Tod gefunden haben, weiß aber niemand zu sagen.

Die Wetterglocke von Meggenthal

Früher hing in der Kirche von Meggenthal (alter Name Mechinthal), einem kleinen Ort nahe Tittmoning, eine Glocke, der von den Leuten überirdische Kräfte zugesprochen wurden. Wie es heißt, soll sie durch ihren Klang heranziehende Unwetter vom Dorf ferngehalten und entweder in Richtung Burghausen oder in Richtung Fridolfing vertrieben haben. Immer wenn ein Gewitter drohte, lief die Tochter des Maierbauern von Meggenthal, dessen Hof nahe bei der Kirche stand, rasch zum Gotteshaus hinüber und läutete mit aller Kraft die Glocke.

Zum Ärger der Einwohner der umliegenden Ortschaften, gingen die Unwetter, die nicht selten von verheerenden Hagelschlägen begleitet wurden, dann in der Regel auf ihrem Gebiet der, während Meggenthal verschont wurde. So kam es wegen der Wetterglocke immer wieder zu Streitigkeiten.

Eines Tages waren die Geschädigten nicht mehr bereit, dies länger hinzunehmen. Sie wurden beim Bischof von Salzburg vorstellig, legten ihm die Sache dar und forderten, daß den Meggenthalern untersagt würde, ihre Glocke zu läuten. Der Bischof zeigte Verständnis für die Lage der Bauern. Von Stund an durften die Meggenthaler ihre Wetterglocke bei Androhung von Gefängnisstrafe nicht mehr zur Abwehr von Gewittern benützen. Es verging geraume Zeit. Die Tochter des Maierbauern hatte inzwischen den Brunner von Bergham geheiratet und war ihm dorthin gefolgt. Eines Tages, als sie gerade auf dem Feld arbeitete, sah sie am südlichen Himmel ein besonders schweres Unwetter heraufziehen. Die fast schwarze Wolkenwand war von einem schwefelgelben Saum eingefaßt, der nichts Gutes verhieß. »Da hilft alles nichts, ich muß die Glocken läuten, sonst ist unsere Ernte hin!« dachte die Frau, lief rasch von Bergham nach Meggenthal hinüber und zog — wie sie es früher oft getan hatte — in der Kirche aus Leibeskräften am Glockenstrang, ohne sich um das verhängte Verbot zu kümmern. Und wirklich, das Unwetter ging an anderer Stelle nieder und walzte dort das Getreide platt.

Viele Leute aus der Nachbarschaft aber hatten die Glocke gehört und meldeten das sträfliche Tun der Bäuerin den Behörden. Sie wurde ins Gefängnis von Tittmoning gebracht, um ihr Vergehen dort abzubüßen.

Da ging ihr Sohn nach Salzburg und bat um Straferlaß für seine Mutter, weil sie so dringend auf dem Hof gebraucht würde. Er wurde ihm gnädig bewilligt. Voller Freude eilte er nach Tittmoning um ihr die gute Nachricht zu bringen. Er langte aber erst am Abend dort an, und die Gefängnistore waren schon geschlossen und wurden auch nicht mehr geöffnet. Da stieg der Bursche mit einer Leiter von außen ein, legte den Gerichtsbescheid vor und durfte daraufhin mit seiner Mutter nach Hause.

Die Wildschützen von Meggenthal

In Meggenthal gab es einen Hof, der »beim Bischofen« genannt wurde. Im 16. und 17. Jahrhundert, als der Rupertigau ein beliebtes Jagdrevier der Salzburger Fürstbischöfe war, pflegten die hohen geistlichen Herren jeweils in diesem Hof das Frühmahl einzunehmen, bevor sie mit ihrem Gefolge auf die Jagd gingen. Natürlich gab es auch in diesem Gebiet Wilderer, die dem Bischof oft die schönsten Tiere vor der Nase wegschossen. Aber obwohl überaus harte Strafen auf dieses Vergehen standen, ließ sich so mancher Bauernbursch, der die Jagdleidenschaft im Blut, jedoch kein eigenes Revier hatte, dadurch nicht abschrecken.

Besonders kühne Wildschützen waren in jenen Jahren die zwei Söhne des Maierbauern von Meggenthal. Sie waren aber so geschickt und flink, daß ihnen die salzburgischen Wildhüter und Jäger niemals etwas nachweisen konnten, obwohl sie die beiden im Verdacht hatten. Voller Wut über diese Tatsache lauerten sie den Brüdern eines Tages auf und brachten sie mit Gewalt in das Gefängnis von Tittmoning. Dort lieferten sie die Gefangenen den Schergen aus, weil sie hofften, die Brüder würden unter der Folter endlich den Wildfrevel zugeben.

Aber die Söhne des Maierbauern schwiegen standhaft, obwohl sie so grausam geprügelt und gepeitscht wurden, daß ihnen die Haut in Fetzen vom Körper hing. Den Behörden blieb nichts anderes übrig, als sie wieder laufen zu lassen.

»Und jetz' wilder' ich g'rad mit Fleiß!« stieß der Ältere der beiden voller Grimm hervor, als sie unter großen Schmerzen und aus vielen Wunden blutend auf dem Heimweg waren.

»Is des a no a Recht, an Mensch'n ohne Beweis halb tot zum schlag'n?« empörte sich sein Bruder.

Zornig holten die jungen Männer ihr im Wald verstecktes Gewehr, um so bald wie möglich wieder wildern zu gehen. Der Zufall wollte es, daß gerade in diesem Augenblick ein herrlicher Zwölfender ihren Weg kreuzte.

»Sakra, der g'hört mein!« flüsterte der Ältere, riß die Büchse an die Wange und drückte los. Aber sei es, daß er in der Aufregung nicht richtig gezielt hatte, sei es, daß er durch die erlittene Folter geschwächt war und noch zitterte, der sonst so sichere Schütze traf den Hirsch zwar, verwundete ihn jedoch nur. Der stürzte zu Boden, war aber nicht tot. Da rannten die zwei Wilderer so schnell sie konnten nach Hause um dort den Hirschfänger zu holen und dem Tier damit den Gnadenstoß zu versetzen. Inzwischen erhob sich der angeschossene Hirsch aus eigener Kraft und flüchtete in den Wald. Als die beiden Brüder wieder zurückkamen, war er verschwunden. Und das war ihr Glück. In diesem Augenblick fuhr der gestrenge Landrichter von Tittmoning, der sie erst vor ein paar Stunden von den Folterknechten auf so schmerzhafte Weise hatte befragen lassen, um ein Geständnis zu erzwingen, in seiner Kutsche vorbei.

Der sah wohl den Hirschfänger, den einer der zwei Männer trug, weil aber kein Blut daran war und weil auch weit und breit kein Wild zu finden war, konnte er den Brüdern nichts anhaben. »Das war knapp«, stöhnte einer der beiden, als der Landrichter wieder fort war, »Um's Haar hätt' er uns auf frischer Tat ertappt!«

»Da wär's uns schlecht ergangen!« stimmte ihm sein Bruder bei und schluckte einen Klotz hinunter, der sich ihm vor Schrecken im Hals gebildet hatte. »Des war a braver Hirsch, a ganz a braver!«

Und in Zukunft ließen die beiden Maiersöhne das Wildern zwar nicht, aber sie waren noch vorsichtiger als zuvor.

Die steinernen Brote von Kay

Ein frommer alter Bauer befand sich einmal am Rupertitag – dem Fest des Bistumspatrons – auf dem Weg zur Kirche von Kay. Als er durch Salling ging, sah er dort die Kierer-Bäuerin in Arbeitsgewand und Schürze wie an einem gewöhnlichen Werktag Brot backen und in den Ofen schieben.

»Aber Bäuerin«, schalt er die Frau entrüstet, »schämst du dich nicht, heute am Rupertitag Brot zu backen! Heute ist doch ein hoher Feiertag, an dem man nicht arbeiten, sondern Gott die Ehre geben soll!«

»Was geht mich der Feiertag an?« lachte die Frau spöttisch. »Ich backe Brot, wann es mir paßt! Es wird schon nicht zu Stein werden, nur weil Rupertitag ist!«

Ohne sich weiter um den Bauern zu kümmern, setzte sie ihre Arbeit fort. Doch als sie die fertigen Brote aus dem Ofen holte, traf sie vor Schreck fast der Schlag. Statt brauner, duftender Brotlaibe zog sie lauter Steine in Brotform hervor. Nun schlug ihr das Gewissen heftig, und tiefe Reue über ihr frevlerisches Verhalten erfaßte sie. Sie brachte die steinernen Brote in die Kirche von Kay, wo eines davon lange Jahre am Pendel der Kirchenuhr hing, als ständige Mahnung für die Bevölkerung, Sonn- und Feiertage zu heiligen. Heute befindet sich einer der

Brotlaibe noch in der »Ledern«, einem Gasthaus zwischen Wiesmühl und Kay, wo man ihn auf Wunsch besichtigen kann.

Der unheimliche Eisstockschütze

Zwischen Wiesmühl und Palling, in der Nähe von Kay bei Tittmoning, liegt kurz vor Oberödham im sogenannten Rampelsberger Holz ein Hochmoor, das »Pfaffermoos« heißt. In früheren Zeiten vergnügten sich die Knechte und Bauernsöhne der umliegenden Höfe im Winter auf dessen glattgefrorener Oberfläche gerne beim Eisstockschießen. Heute jedoch erscheint der Ort vielen unheimlich, und manche Leute machen, besonders am Abend, lieber einen Umweg, um nicht vorübergehen zu müssen. Man sieht niemanden mehr dort Eisstockschießen, und das hat seinen Grund.

Es ist schon eine Reihe von Jahren her, da hockten am Abend vor dem Christfest ein paar Burschen aus der Umgebung im Wirtshaus beisammen. Sie spielten Karten und tranken Bier. Da fing einer, der schon ein wenig mehr getrunken hatte, als die anderen, an zu granteln:

»Weihnachten morgen, das wird wieder schön fad! Da müssen wir wieder den ganzen Abend Rosenkranz beten und fromme Lieder singen. Und keine Karte darf man anrühren! Wenn's nur schon wieder vorbei wär'.«

»Bei uns ist es genauso«, gab ihm sein Nachbar recht, »und um Mitternacht muß man immer noch in die eiskalte Kirch' zur Mett'n!«

Einer aus der Runde, ein lustiger Bursche, der für jeden Spaß, aber auch für jeden Unfug zu haben war, schlug vor:

»Wißt's was, Kameraden, geh'n wir morgen um Mitternacht einfach nicht in die Mett'n, sondern ins Pfaffermoos zum Eisstockschießen. Daß wir in der Kirch'n fehlen, merkt kein Mensch bei den vielen Leuten!«

»Das machen wir!« »Das wird a Hetz!« »Hei, da werd' ma a Gaudi hab'n!«

Alle riefen durcheinander und stimmten ihm zu.

»Seid's stad, sonst hör'n uns die Alten«, mahnte der Bursche, der den Einfall gehabt hatte, »wer geht alles mit?«

Da wollte natürlich keiner zurückstehen, jeder wollte bei dem Spaß dabei sein. So schlichen sich denn in der Weihnachtsnacht zwölf junge Männer beim Kirchgang von ihren Familien weg und trafen sich bei der verabredeten Stelle im Pfaffermoos. Jeder hatte, verborgen unter Joppe oder Mantel, seinen Eisstock mitgebracht.

»Seid's alle da?« fragte der lustige Bursche, »dann kann's losgeh'n!«

Sie teilten sich in zwei Mannschaften zu je sechs Spielern auf und fingen an.

»Gell, das is besser, als in der eiskalt'n Kirch'n die langweilige Predigt vom Pfarrer anhör'n z'müss'n!« freute sich einer, als er mit seinem Eisstock dem Zielhölzl ganz nahe gekommen war. Nacheinander ließen sie unter Johlen und Schreien ihre Eisstöcke über die glatte Fläche flitzen. Plötzlich, als sie gerade den Sieger ermitteln wollten, weil sie glaubten, daß schon alle drangewesen wären, sauste ein schwarzer Eisstock funkensprühend und mit unwahrscheinlicher Geschwindigkeit schnurstracks auf das Ziel zu und blieb dort stehen. Ein langgezogenes, unheimliches »Huiiiii!« hatte den Wurf begleitet.

»Das ist der Beste«, jubelten einige, »wer war's?«

Jedoch keiner der Burschen war es gewesen oder wußte, wer der zielsichere Schütze war. Sie schauten sich verdutzt an, machten sich aber weiter keine Gedanken über den scheinbar herrenlosen Stock und spielten fröhlich weiter.

Aber auch am Ende der zweiten Runde sauste der fremde

Eisstock plötzlich wieder gleich einem Höllengeschoß auf das Ziel zu, und wieder ertönte das schaurige »Huiiiii« dazu, nur lauter und furchteinflößender als zuvor.

»Was ist denn das?« schrie einer der Burschen überrascht, »es sind ja auf einmal 13 Stöcke, wir sind doch nur 12 Mann. Wo kommt denn der dreizehnte Stock her?«

»Das geht nicht mit rechten Dingen zu!« flüsterte ein anderer ängstlich, »da stimmt was nicht!«

»Geht's weiter, was soll schon sein«, beruhigte der lustige Bursche seine Freunde. Und obwohl einige sich eines sehr unguten Gefühls nicht erwehren konnten, spielten sie auch bei der dritten Runde noch mit. Einer nach dem anderen schoß seinen Stock über das vom fahlen Mondlicht erhellte Eis. Der letzte der beiden Mannschaften war gerade fertig, als plötzlich wieder der »Huiiiii« Ruf erscholl, diesmal aber so schaurig und so bösartig triumphierend, daß den Burschen vor Entsetzen fast das Blut in den Adern gefror. Der schwarze Stock, der niemandem gehörte, wurde über das Eis gestoßen, daß die Funken nur so stoben, und es sah aus, als fange der Stock zu brennen an. Wieder landete er haargenau beim Ziel.

Da erklang mit einem Mal von der Tenglinger Kirche her das Wandlungsläuten der Mette. Einige der Burschen schlugen aus alter Gewohnheit das Kreuz. Im gleichen Augenblick begann der unheimliche Eisstock wie im Höllenfeuer zu glühen, drehte sich in einem wilden, gespenstischen Tanz und fuhr dann zischend durch die Nacht davon. Ein ekelerregender Gestank nach Schwefel erfüllte die Luft, und von überall her, vom Wald, vom Moor, und von den Wiesen her brach ein wahrhaft teuflisches Hohngelächter los.

Die Burschen erschraken so sehr, daß sie ihre Eisstöcke im Stich ließen und blindlings davonrannten.

Seit diesem unheimlichen Erlebnis in der Weihnachtsnacht findet im Pfaffermoos kein Eisstockschießen mehr statt. Die

Burschen aber verbrachten keine Heilige Nacht mehr bei leichtfertigem Spiel, sondern feierten künftig jede Weihnachtsmette andächtig mit, war die Kirche auch noch so kalt und die Predigt des Pfarrers auch noch so lang.

Das echte und das falsche Heilwasser von Salling

Auf den Chor der Pfarrkirche von Kay befindet sich ein Gemälde, auf dem die einstige Kirche von Salling – sie steht nicht mehr – dargestellt ist. Das Gotteshaus, das noch vor dem Jahre 1300 erbaut worden war, hatte den hl. Ulrich, den Bischof von Augsburg, der als Hunnenbezwinger berühmt wurde, zum Schutzpatron. Es befand sich nicht weit vom heutigen Stadel des Kiererbauern entfernt, etwa dort, wo jetzt die Schienen der Eisenbahn verlaufen. Nahe dieser Kirche sprudelte eine Quelle aus dem Boden, der – gleich vielen anderen Ulrichsbrunnen im Lande – besondere Heilkräfte bei Fieber und Augenleiden zugesprochen wurden. Von weit her, bis aus dem benachbarten Österreich kamen die Menschen, um das wundertätige Wasser zu holen. Sie wuschen sich damit, benetzten sich die Augen oder nahmen es, in Flaschen gefüllt, für ihre kranken Angehörigen daheim mit.

Einst – so wird berichtet – schickte eine mit hohem Fieber darniederliegende Kranke in Österreich eine Frau nach Salling, um sich etwas von dem heilkräftigen Wasser bringen zu lassen. Der Botin aber war der Weg nach Salling zu lang. Sie war bis zum Ponlachgraben bei Tittmoning gekommen, als sie sich, angesichts des Wassers darin, entschloß, nicht mehr weiterzugehen.

»Man sieht dem Wasser ja nicht an, woher ich es nehme!«, meinte sie schlau, »und helfen tut es sowieso nicht. Was soll ich mir da die Füße ablaufen! Meinen Lohn bekomme ich, gleich welches Wasser ich bringe!«

Kurzerhand füllte sie ihr mitgenommenes Gefäß mit Ponlachwasser und brachte es der Kranken, wobei sie behauptete, es sei das gewünschte Wasser von der Heilquelle. Hocherfreut nahm es die Patientin entgegen und, so seltsam es klingt, sie wurde kurz nach dessen Anwendung überraschend wieder gesund.

Die Frau jedoch, die das Ponlacher Wasser geholt hatte, wurde plötzlich von dem gleichen Fieber befallen, von dem die Kranke eben genesen war. Aber obwohl man ihr das vermeintliche Sallinger Wasser freundlich zur Verfügung stellte, und obwohl sie es – sie konnte sich ja aus verständlichen Gründen nicht gut weigern – ganz aufbrauchte, tat es bei ihr nicht die geringste Wirkung. Sie wurde immer kränker und hinfälliger, bis sich jemand entschloß, nochmals frisches Wasser aus Salling zu holen. Die Leute, die von dem Betrug ja nichts wußten, glaubten, das andere sei schon zu alt und habe deshalb seine Heilwirkung verloren. Als die Frau endlich das echte Heilwasser bekam, wurde sie kurz darauf völlig gesund. Soweit die Sage.

Bis auf den heutigen Tag holen sich die Leute der umliegenden Ortschaften manchmal Wasser aus dieser Quelle, die noch immer an der genannten Stelle entspringt und die nichts von ihrer heilkräftigen Wirkung verloren haben soll.

Das Duell der Brüder bei Salling

Auf einem Hügel bei Salling nahe Kay stehen zwischen den Höfen des Kiererbauern und des Walchers zwei verwitterte Steinkreuze. Auffällig ist die eigenartige Form der Kreuze. Jedes ist sozusagen einarmig, der Arm, der dem anderen Kreuz zugewandt ist, fehlt. Der Überlieferung nach wurden diese seltsamen Marterl zur Erinnerung an eine grausame Mordtat aufgestellt:

Vor langer Zeit konnten sich einmal die zwei Söhne des damaligen Kiererbauern nicht über den Besitz des schönen Hofes einigen. Keiner gönnte ihn dem anderen, jeder wollte ihn für sich alleine haben. Tag für Tag stritten sie wie Hund und Katz miteinander. Einmal gerieten sie dabei dermaßen in Wut, daß sie mit Waffen aufeinander losgingen. Beim Zwölfuhrläuten, am hellichten Mittag, trugen sie ihr Duell aus. Sie waren aber beide hervorragende Schützen, und so kam es, daß sie beide gleichzeitig abdrückten und beide gleichzeitig zu Tode getroffen zu Boden sanken.

Zur Erinnerung an dieses schreckliche Geschehen wurden an der Stelle, wo der doppelte Brudermord stattgefunden hatte, die beiden Marterln aufgestellt. Wie es nach damaligem Recht üblich war, wurde bei jedem Kreuz der Teil des Querbalkens weggelassen, der den Arm symbolisierte, der auf den Bruder geschossen hatte, gleichsam als Strafe für den Brudermord, den dieser Arm begangen hatte.

Die Raubritterburg von Lanzing

In Lanzing nahe Kay bei Tittmoning soll einst eine Raubritterburg gewesen sein, in der das Geschlecht »derer von Lanzing« seinen Sitz gehabt haben soll. Wann und von wem die Burg zerstört wurde, weiß heute niemand mehr zu sagen.
Im Jahre 1837 wurde bei der Lanzinger Kirche, tief unter den Wurzeln einer mächtigen Tanne eine grausige Entdeckung gemacht. Man fand ein guterhaltenes, nach damaligen Schätzungen etwa 500 Jahre altes Skelett eines Mannes. Er war eines gewaltsamen Todes gestorben, denn hinten in einem Halswirbel steckte noch eine stark verrostete Pfeilspitze. Dieser Fund wurde als eine Bestätigung für die alte Sage von der Raubritterburg angesehen. Außerdem stieß man im vorigen Jahrhundert bei Arbeiten in der Lanzinger Kirche unter dem Pflaster auf noch ältere Mauerreste.
Der Legende nach soll die Lanzinger Kirche, die am 29.4.1518 eingeweiht wurde, als Sühnekapelle aus den Steinen der zerstörten Raubritterburg errichtet worden sein. Sie wurde den Apostelfürsten Petrus und Paulus geweiht. Bis in unsere Tage finden bei ungünstiger Witterung Bittprozessionen aus der ganzen Umgebung nach Lanzing statt, um vom »Wettermacher« Petrus Hilfe für die Ernte zu erflehen.

Das Marterl am Schusterberg von Kay

An dem heutigen St. Ulrichsweg, der über den Schusterberg von Kay nach Salling und Ollerding führt und der noch aus der Römerzeit stammt, steht bei Kay ein Marterl mit der Jahreszahl 1678. Wie es heißt, soll in diesem Jahr die Dienstmagd des Mayerbauern von Salling bei der Fronleichnamsprozession verunglückt und ums Leben gekommen sein.

Der Schatz im Friedhof von Lanzing

In Lanzing nahe Kay bei Tittmoning, hielt der schwarze Tod im dreißigjährigen Krieg reiche Ernte. Zu dieser Zeit kamen einmal zwei Pferdehändler in das Dorf, um mit den Bauern Geschäfte abzuschließen. Sie trugen aber den Keim der furchtbaren Seuche schon in sich, denn sie hatten sich auf der Durchreise durch einen anderen Ort angesteckt, ohne es zu wissen. In Lanzing kam die Krankheit zum Ausbruch, und sie verstarben kurz nacheinander innerhalb weniger Stunden. Mit Entsetzen erkannten die Lanzinger, wodurch die beiden Roßhändler den Tod gefunden hatten. Um die Ansteckungsgefahr möglichst gering zu halten, hoben sie eilig im Friedhof ein großes Grab aus, legten die Leichen hinein und warfen alles, was die beiden Männer besessen hatten, ebenfalls hinein, denn alles konnte bereits verseucht sein. So wurde auch eine große Menge Geldes, die von den Reisenden mitgeführt worden war, zusammen mit ihnen eingegraben.

Viele Jahre später, als die Pest schon lange vorüber war und ihre Schrecken ein wenig in Vergessenheit geraten waren, erinnerten sich ein paar Knechte, die auf dem Hof des Maierbauern von Lanzing dienten, an das Geld, das mit den fremden Roßhändlern beerdigt worden war.

»Wenn wir das finden könnten«, meinte einer der Burschen sehnsüchtig, »dann hätte das elende Knechtsleben ein Ende!

Wir könnten selbst einen Bauernhof kaufen und die Herren spielen!«

»Suchen wir doch das Grab und holen uns das Geld heraus«, schlug sein Freund vor, »wir tun damit nichts Böses, denn die Toten brauchen es ja nicht mehr.«

So nahmen sie denn in einer dunklen Nacht, als alle im Dorf schliefen, Spaten und Schaufel, schlichen zum Friedhof und hackten dort, wo sie das Grab der Fremden vermuteten, den Boden auf. Aber obwohl sie noch in mehreren Nächten wiederkamen und an verschiedenen Stellen gruben, sie konnten es nicht finden. Um eine Hoffnung ärmer mußten sie auch fortan ihr Knechtsleben weiterführen.

Immer wieder, so wird weiter erzählt, versuchten auch in späteren Zeiten Glücksritter den Schatz aufzuspüren. Aber bis auf den heutigen Tag ist es niemandem gelungen.

Das Teufelsbrünndl bei Guggenberg

Nach einem langen, heißen Arbeitstag saßen einmal ein paar Bauern vor einem Haus in Guggenberg bei Tittmoning beisammen. Sie hatten großen Durst und schickten die Hausmagd in den Wald zu einem dort gelegenen Wasserloch, das als Brunnen benutzt wurde, um etwas zu trinken daraus zu schöpfen.

Die Dämmerung war schon hereingebrochen, und das Mädchen hatte Angst, so alleine in den Wald zu gehen. Schnell lief sie daher in ihre Kammer und holte ihren Rosenkranz. Dann bekreuzigte sie sich mit Weihwasser, nahm in die eine Hand eine Laterne, in die andere den Krug und begab sich – wie ihr aufgetragen war – zu dem Wasserloch. Als Schutz nahm sie noch den Hofhund, einen riesigen Wolfshund, mit.

Als sie am Brunnen angekommen war, sah sie dort eine dunkle Gestalt sitzen. Der Mann war wie ein Jäger gekleidet, hatte aber den Hut tief ins Gesicht gezogen, wie um es vor neugierigen Blicken zu verbergen. Der Magd wurde es ganz unheimlich zumute und erst nach längerem Zögern wagte sie sich zitternd näher und wollte ihren Krug füllen.

Da fing der Fremde plötzlich zu sprechen an, wobei nur mühsam unterdrückte Wut aus seiner gehässigen Stimme klang: »Wenn du das Reißert (Rosenkranz) und Beißert (Weihwasser) nicht bei dir hätt'st, so g'hörtest du mir!«

Er sprang auf und stieß mit einem gotteslästerlichen Fluch seinen einen Fuß ins Wasser. Das vor Schrecken wie gelähmte Mädchen sah, daß es kein Menschen- sondern ein Geißenfuß war. Das Wasser zischte und brodelte, als hätte man glühende Kohlen hineingeworfen. Im gleichen Augenblick war der unheimliche Jäger, der niemand anders als der Teufel selbst gewesen war, verschwunden.

Die Magd ließ den Krug fallen, umklammerte ihren Rosenkranz und rannte in panischer Angst zum Hof zurück. Ihr voraus sprang in langen Sätzen mit eingezogenem Schwanz und jämmerlich jaulend der riesige Wolfshund. Bei den Bauern angelangt, erzählte sie, wobei sie noch immer am ganzen Körper zitterte, was sich am Brunnen zugetragen hatte.

Seit der Zeit aber, so wird weiter berichtet, ist das Wasser dieses Brunnens verdorben und schmeckt schlecht. Bis auf den heutigen Tag heißt es daher bei den Leuten »Teufelsbrünndl«. »Der Bruder vom Winkler Franz, der mit seinem Holzfuhrwerk früher oft am Teufelsbrünndl vorbei mußte, hat behauptet, daß an der Stelle immer die Pferde gescheut haben, weil sie das Böse, das von dem Brünndl ausgeht, gewittert haben!« berichtete der Erzähler dieser Sage weiter. Auch habe er selbst vor etwa 50 Jahren, als er noch ein Bub gewesen sei, mit einigen Kameraden heimlich vom Teufelsbrünndl getrunken. Das

Wasser habe wirklich ganz abscheulich geschmeckt, und sie hätten es gleich wieder ausgespuckt.

Das kleine Wasserloch befindet sich mitten im Wald zwischen Salling und Guggenberg an einem grasüberwachsenen Feldweg, der früher häufig von Holzfuhrwerken benutzt wurde. Wie ein schwarzes Auge, fast kreisrund liegt es da, kein klares, lebendiges helles Wasser, sondern eine stille, glatte, undurchdringliche und wie tot wirkende Oberfläche, bei der man die Sage, die sich um dieses Gewässer rankt, verstehen kann.

Die wilde Jagd bei Tittmoning

Es ist schon zweihundert oder noch mehr Jahre her, da ging ein Mann von Tittmoning zu seinem nahe bei dieser Stadt gelegenen Heimatort zurück. Die Dunkelheit war bereits hereingebrochen, und am Himmel zogen sich schwarze Wolken drohend zusammen. Er begann sich zu fürchten, denn es war eine der gefährlichen Nächte, in denen die wilde Jagd ihr Unwesen treibt. »Hoffentlich komme ich heil nach Hause«, meinte er besorgt und beschleunigte seine Schritte. Er war aber noch nicht weit von Tittmoning entfernt, als er plötzlich ein seltsames Brausen in den Lüften vernahm, das sich mit unheimlicher Geschwindigkeit näherte und immer stärker wurde.

»Die wilde Jagd!« Der Schrecken über diese Erkenntnis lähmte ihn einen Augenblick derart, daß er stocksteif stehen blieb. Dann warf er sich rasch zu Boden. Aber es war zu spät. Noch ehe es ihm gelungen war, Arme und Beine gekreuzt übereinanderzulegen – was man, wie jeder weiß, tun muß, wenn man eine Begegnung mit der wilden Jagd unbeschadet überstehen will — fegte das Geisterheer bereits mit ungeheurer Gewalt über ihn hinweg. Alles ringsum war von einem derartigen Lärmen, Wirbeln und Toben erfüllt, wie er es sich in seinen schlimmsten Träumen nicht hätte vorstellen können. Er glaubte, sein letztes Stündlein habe geschlagen, und vor Angst schwanden ihm fast die Sinne. Plötzlich spürte er einen scharfen Schmerz im Rücken, gerade so, als hätte ihm jemand einen Keil hineingeschlagen. Er stöhnte laut auf, wagte aber nicht, sich nach der Ursache umzublicken.

Der Höllenspuk verschwand ebenso rasch, wie er gekommen war. Dennoch getraute sich der Mann erst nach langer Zeit aufzustehen und seinen Heimweg fortzusetzen. Er war froh, nach diesem schrecklichen Erlebnis lebend zuhaus anzukommen, vergessen aber konnte er es nie mehr, denn der Schmerz in seinem Rücken blieb, obwohl er alle möglichen Salben auf die Stelle strich und auf verschiedenste Weise versuchte, ihn loszuwerden. Keiner konnte ihm helfen, bis ihm eines Tages eine kluge Alte, die sich auf Heilkunde verstand, und der er sein Erlebnis erzählt hatte, riet:

»Gehe in einer Nacht, in der die wilde Jagd wieder unterwegs ist, zu dem Ort, wo sie dir damals begegnet ist. Wenn du dich an der gleichen Stelle mit überkreuzten Armen und Beinen niederlegst, müssen die bösen Geister dir den Keil aus dem Rücken wieder herausziehen, und du bist deine Schmerzen los!«

Der Mann bedankte sich für den Rat, brachte es aber nicht über sich, ihn zu befolgen. Nicht um alles in der Welt wollte er der wilden Jagd ein zweites Mal begegnen. Lieber ließ er sich sein ganzes künftiges Leben lang von seinen Schmerzen im Kreuz peinigen.

Die Pest in Mühlham

In Mühlham, einem Dorf nahe Tittmoning, wütete die Pest im dreißigjährigen Krieg dermaßen verheerend, daß in den Jahren 1630-34 der Ort nahezu ausstarb. Es gab kein Haus, in dem nicht Opfer zu beklagen gewesen wären. Die Mühlhamer brachten die Toten zu dem damals eigens angelegten Pestfriedhof nahe bei der Einöde Moos am Leitgeringer See. In dem kleinen Waldstück dort steht noch heute eine Pestsäule, die Vorübergehende an jene schreckliche Zeit gemahnt.

Die wenigen Überlebenden von Mühlham legten in ihrer Not ein Gelübde zum hl. Sebastian von Hof ab. Dort steht die Statue des als Pestheiliger geltenden Sebastian auf einem Seitenaltar der Nikolauskirche. Seither wurde jährlich am 20. Januar dort ein sogenanntes »Verlöbnisamt« für Mühlham gelesen.

Wie der Schmied von Mühlham die Pest überlebte

Bei der furchtbaren Pestepidemie der Jahre 1630-34 in Mühlham wurde der Schmied des Ortes von einer geradezu panischen Angst vor der Krankheit befallen. Als wieder ein Mensch aus seiner nächsten Umgebung vom schwarzen Tod dahingerafft worden war, wagte er es nicht, länger in seinem Haus zu bleiben, weil er fürchtete, der Gifthauch der Pestilenz könnte bereits alles verseucht haben. Ohne etwas daraus mitzunehmen, lief er in einen kleinen Wald, Buxleite genannt, und verbarg sich dort in einem leerstehenden alten Haus. Er nahm sich vor, erst wieder unter die Leute zu gehen, wenn die Krankheit vorüber sein würde.

Aber obwohl er sich eine Zeit lang von Beeren, Pilzen und was er sonst noch an Eßbarem fand, ernährte, konnte er auf Dauer davon nicht leben. Einerseits wollte er nicht mit Menschen in Berührung kommen, um sich nicht der Gefahr der Ansteckung auszusetzen, andererseits mußte er ohne ihre Hilfe mit Sicherheit verhungern. In seiner Verzweiflung, weil er nicht wußte, was er tun sollte, fing er laut an zu schreien. Glücklicherweise hörte die Bäuerin von der Mittermühle in Lanzing, Mitterin genannt, den Lärm.

»Nanu, wer ist denn dort in dem verlassenen Haus?« fragte sie neugierig und lief hinauf, um nachzuschauen. Zwar war die Türe des Gebäudes fest verrammelt, aber oben im ersten Stock stand ein Fenster offen, und ein zum Skelett abgemagerter Mann winkte ihr aufgeregt zu und rief:

»Mitterin, kennst' mich net, ich bin's, der Schmied von Mühlham! Komm' nicht herein, sonst steckst du mich noch an!« »Was schreist du dann so, wenn ich doch nicht kommen soll?« verwunderte sich die Bäuerin, die über das Aussehen des Schmiedes, den sie als großen, kräftigen Mann kannte, zutiefst erschrocken war.

»Weil ich so lange schon nichts mehr gegessen habe, und mir die Gedärme krachen vor lauter Hunger!« klagte der Schmied. »Ja, und wie soll ich dir zu essen geben, wenn du mich nicht ins Haus läßt und auch nicht herauskommst?« fragte die Mitterin.

»Bring' mir das Essen halt mit einer langen Stange und reich' es mir zum Fenster herauf! Weißt du, wenn ich mit Menschen in Berührung komme, werde ich krank und muß sicher sterben. Das habe ich zuhause oft genug gesehen.« Er weinte und bat: »Hab Erbarmen mit mir und gib mir etwas! Der Herrgott wird dir's vergelten!«

Die Frau meinte, daß der Geist des Schmiedes sich durch das viele Leid, das er hatte sehen müssen, ein wenig verwirrt habe, aber seine klapperdürre Gestalt und sein totenkopfähnliches Gesicht rührten ihr Herz. Mitleidig tat sie, was er verlangte, und brachte ihm jeden Tag etwas zu essen, indem sie die Nahrungsmittel in ein Tuch band, das Bündel an eine lange Stange hängte und es ihm zum Fenster hinaufreichte. Lange Zeit hindurch versorgte sie ihn so.

Erst als sie ihm berichten konnte, daß es keine neuen Pestfälle in den umliegenden Ortschaften gegeben habe und daß die Seuche vorüber sei, wagte sich der Schmied wieder hervor. Aber so seltsam den Leuten dieser Gegend auch sein Verhalten erschienen war und so sehr manche darüber gespottet hatten, er war einer der wenigen Einwohner von Mühlham, welche die Pest überlebt hatten.

Die Scheintote auf dem Pestkarren

Zur Zeit, da die Pest Mühlham heimsuchte, wurde auch die Wagnertochter von der Krankheit befallen. Nach einem schweren Anfall lag sie mit einem Mal starr und steif da und gab keinerlei Lebenszeichen mehr von sich. Als der Karren mit den Männern durch den Ort fuhr, die jeden Tag die vor die Türen der Häuser gelegten Leichen aufsammelten und zum Pestfriedhof brachten, hoben sie auch die Wagnertochter auf und legten sie oben auf die schon dort befindlichen Toten. Dann nahm das Fahrzeug den gewohnten Weg von Mühlham aus über Exenberg und Graßach weiter nach Tipling. Kurz vor Tipling ging es ein wenig bergan. Dort kam das Gefährt ins

Schlingern, und die Wagnertochter wurde herabgeworfen. Das war ihr Glück. Durch den unverhofften Sturz wich die tödliche Starre von ihr, und sie gab wieder Lebenszeichen von sich. Sie wurde nach Hause gebracht, überstand als eine der wenigen die schwere Krankheit und wurde wieder gesund.

Zur Erinnerung an diesen seltsamen Vorfall steht seither an diesem Berg nahe Tipling ein Bildstöckl.

Andere erzählen die Geschichte des Marterls so: Am Weg, den der Pestkarren nahm, lag ein Mann wie tot auf der Straße. Kurzerhand lasen ihn die Männer, die den Wagen fuhren, auf und warfen ihn oben auf die Gestorbenen. An der Stelle, wo das Bildstöckl steht, soll er vom Karren gefallen und dadurch wieder zum Leben erwacht sein.

Die sprechenden Ochsen bei Halsbach

Ein Bauer aus Halsbach bei Burghausen wollte einmal nachprüfen, ob etwas Wahres an der alten Überlieferung sei, daß die Tiere an Weihnachten um Mitternacht in menschlicher Sprache reden können. In der kommenden Christnacht schlich er sich daher in seinen Stall und legte sich unter die Ochsen. Als die zwölfte Stunde nahte, wurden die Tiere mit einem Mal ganz unruhig, schnaubten, stampften und klirrten mit den Ketten. Dann hörte der neugierige Lauscher zu seinem Schrecken, wie der Ochse, unter dem er lag, traurig zu dem, der neben ihm stand, sagte: »Ja, ja, morgen ist der Bauer auch schon tot!«

Wieder stampfte das Tier mit den Hufen auf und traf dabei den Bauern so unglücklich am Kopf, daß dieser auf der Stelle starb. Am nächsten Tag, als man nach ihm suchte, fand man ihn tot im Stall.

Die Votivtafel in Marienberg

Eine Frau aus Kay, die niederkommen sollte, konnte trotz der Hilfe einer Hebamme nicht gebären. Tagelang schon lag sie in den Wehen und wurde zusehens schwächer. In ihrer Not versprach sie eine Wallfahrt nach Kloster Marienberg bei Burghausen zu machen, wenn alles gut ginge. Erschöpft fiel sie daraufhin in einen leichten Schlaf. Wie sie später erzählte, erschien ihr im Traum die Gottesmutter, nickte ihr lächelnd zu und machte ihr Mut. Die Frau erwachte wundersam getröstet, und siehe da, ganz leicht und fast ohne Schmerzen bekam sie daraufhin ihr Kind. Sie hielt ihr Gelübde, unternahm die Wallfahrt nach Marienberg und brachte auch eine Votivtafel dorthin.

Der Galgenpater von Burghausen

Eine seltsame Begebenheit aus dem 18. Jahrundert, in der ein Toter das Versprechen, das er einem Lebenden gegeben hatte, wahrmachte, überlieferte der Sagenforscher Alexander Schöppner nach einer mündlichen Erzählung. Er schrieb:

Im vorigen Jahrhundert bestand noch zu Burghausen ein Hochgericht, und ein alter, ehrwürdiger Jesuit des dortigen Klosters hatte seit vielen Jahren das schwere, aber bei ihm segensvolle Geschäft, die Verurteilten zum Tod vorzubereiten und sie zur Richtstätte zu begleiten. – So wurde er denn auch einmal zu einem jungen Menschen in den Kerker gerufen, der wegen eines schweren Verbrechens zum Tode verurteilt war.

Die Umstände und Beweise lagen so offensichtlich, daß seine Schule von den Richtern unbezweifelt ausgesprochen und das Urteil auch in München bestätigt wurde. Der gute Galgenpater fand an ihm eine Gelegenheit zu neuer Pflichtübung, nämlich ihn trotz seiner dringenden Unschuldsbeteuerungen dennoch zur Ergebung in Gottes Willen und zum freudigen Tod als Christ zu bestimmen; und es gelang ihm dies auch in vollem Maße.

So kam der festgesetzte Tag der Hinrichtung, und der greise Galgenpater begleitete seinen jungen, liebgewordenen Freund auf dem Armensünderkarren zur Richtstätte. Unterwegs durchzuckte diesen plötzlich ein Lichtgedanke, und er sprach zum Pater: »Lieber Pater, ich weiß, Sie glauben an meine Unschuld; aber wie die Beweise liegen, könnten Sie doch noch einmal zweifelnd an mir werden. Gott gibt mir aber in diesem Augenblick das lebendige Vertrauen ins Herz; erbitten Sie sich von ihm irgendein Zeichen für meine Unschuld; ich glaube fest, Gott wird es Ihnen gewähren!«

»Gut«, sagte der Pater, »ich zweifle zwar nicht an deiner Unschuld; aber um dich zu beruhigen, bitte ich hiermit Gott, daß zum Beweis deiner Unschuld der größte Sünder auf vier Stunden weit in der Runde sich bekehre und ich dies erfahre.«

»Ich danke Ihnen, lieber Pater, und vertraue zu Gott, Sie werden die Freude erleben.«

So kamen sie zur Richtstätte, und der Jüngling starb wie ein Heiliger. Es war fünf Uhr nachmittags. – Gebrochenen Herzens kehrte der Pater in seine Zelle zurück, warf sich auf sein Lager und brachte die Nacht in Schmerz und Gebet zu, in Gedanken an den Verurteilten.

Morgens um drei Uhr klopft es an seiner Tür. Der Pförtner meldet, es sei schon seit einer Stunde ein Mensch vor der Kirchentür, der dringend verlange, dem Galgenpater zu beichten. Er geht hinab in die Kirche, in den Beichtstuhl, und ein fremder Mann legt ihm ein stundenlanges Bekenntnis ab, wie er – obwohl Galgenpater – noch keines gehört hat, aber mit solchen Zeichen der tiefsten Reue, mit Schluchzen und Tränen, daß der gute Pater selbst innig bewegt wird. Als das Bekenntnis vorüber ist, fragt er ihn: »Aber lieber Mann, wie kommt Ihr jetzt, zu solcher Stunde, und gerade zu mir?«

»Hört, Herr«, sagt er, »gestern nachmittag arbeitete ich wie gewöhnlich in meinem Stall und dachte nicht an meine Sünden; da fiel's auf einmal wie Feuer vom Himmel in meine Seele und brannte mir im Geist wie die Hölle, die ich offen vor mir sah und alle meine Greuel standen mir vor Augen, und ich rief: › Ich bin verdammt! ‹ Da hörte ich eine Stimme in mir: › Verzweifle nicht; mach dich auf, geh nach Burghausen, frage nach dem Galgenpater und lege ihm eine offene Beichte ab, und Gott wird dir vergeben. ‹ Und so bin ich die Nacht durchgegangen, bis an Eure Kirche kam und Euch endlich fand.«

»Um wieviel Uhr war das?«

»Gestern nachmittag um fünf Uhr.«

»Und wie weit wohnt Ihr von hier?«

»Gute vier Stunden«, war die Antwort.

Frohlockend blickte der Galgenpater zum Himmel.

Der eingemauerte Koch auf der Burg von Burghausen

Zu früheren Zeiten war die riesige Burganlage von Burghausen ein beliebter Verbannungsort für – aus welchen Gründen auch immer – unliebsam gewordene Gemahlinnen der Landshuter Herzöge. Diesem Brauch folgend, schob einer dieser

Fürsten seine Gattin dorthin ab, um in Landshut ungestört mit anderen schönen Frauen leben zu können.

Die verschmähte und verlassene Herzogin fristete traurig ihre Tage in der Burg. Mit der Zeit aber wurde sie des vergeblichen Wartens auf ihren Gemahl müde. Sie verliebte sich in einen jungen Mann, der als Koch auf der Burg arbeitete und der die einsame schöne Frau schon lange im Geheimen verehrt hatte. Zusammen verbrachten sie eine glückliche Zeit miteinander, bis sie ein Bediensteter, der sich eine Belohnung versprach, an den Herzog im fernen Landshut verriet.

Schäumend vor Wut – denn wenn auch er selbst ständig seiner Gemahlin, die er schon lange nicht mehr liebte, untreu war, so gab ihr das seiner Meinung nach noch lange nicht das Recht, Gleiches mit Gleichem zu vergelten – kam er mitten in der Nacht, unangemeldet und völlig überraschend für seine Frau nach Burghausen. Der Verräter erwartete ihn schon und führte ihn unverzüglich in die Kammer, in der sich das ahnungslose Liebespaar befand.

Grausam rächte der Herzog die Schmach, die seinem Stolz angetan worden war. Er ließ den Koch in dem Gemach, in dem er ihn mit seiner Gemahlin angetroffen hatte, lebendig einmauern. Die Herzogin aber wurde für Lebzeiten auf der Burg wie eine Gefangene gehalten.

Seit diesem grausigen Geschehen war es dort nicht mehr geheuer. Noch lange nach dem fürchterlichen Tod des Kochs konnte man in gewissen Nächten einen Geist auf der Burg umherwandeln sehen. Er war völlig weiß gewandet und hatte die hohe weiße Mütze eines Kochs auf dem Kopf.

»Der eingemauerte Koch geht wieder um!« flüsterten dann die Leute einander zu, und manch einer gedachte mitleidig des grausamen Schicksals dieses unglücklichen jungen Mannes und der armen Herzogin.

Nachwort

Besonderer Dank sei an dieser Stelle denen ausgesprochen, die durch das Erzählen von altüberliefertem, noch nicht schriftlich niedergelegtem Sagengut einen wertvollen Beitrag zu diesem Buch leisteten.

Dieser Dank gilt Herrn Ernst Bleibinger, Frau Rosemarie Eder, Frau Anna Eglseer, Herrn Ehrenfried John, Frau Annemarie Schreiner, Herrn Rudolf Schreiner und vor allem Herrn Johann Prams, der schon weitgehende Sagenforschung im Gebiet um Tittmoning betrieben hatte und das Material zur Verfügung stellte.

Quellenangaben

Abkürzungen für häufig verwendete Quellen:

Anhang zur heimatkundlichen Stoffsammlung Traunstein II, Geschichten – Sagen – Legenden – Anekdoten	= Anhang Traunstein II
Baumgartner, Hans: Bairische Sagen, Erich Röth Verlag, Kassel 1983	= Baumgartner (Nr.)
Heimatbuch des Landkreises Traunstein Band III, Land u. Volkstum: Historische Sagen von Rektor a. D. Otto Kögl Rosenheim	= Historische Sagen

Kroher, Anna: Im Bannkreis der
  großen Ache, Marquartstein
  1971 = Kroher
Lüers, Friedrich (Hrsg) Bayerische Stammeskunde (= Stammeskunde deutscher Landschaften Hrsg. Paul Zaunert) Jena 1933) = Lüers
Meyers Enzyklopädisches Lexikon 1971 – 1980 = Meyers
Panzer, Friedrich: Bayerische Sagen und Bräuche Bd. I u. II 1848 – 1855 = Panzer I. o. II.
Schacherl, Lillian: Der Chiemgau, Prestel-Verlag München 1982 = Schacherl
Schöppner, Alexander: Sagenbuch der bayerischen Lande Bd. I – III, München 1852 – 53 = Schöppner Bd. (Nr.)
Steub, Ludwig: Aus dem bayerischen Hochlande, München 1850 = Steub
Widmann, Werner A.: Der Chiemgau, Land der Berge u. Seen zwischen Inn u. Salzach, Walhalla u. Praetoria Verlag Regensburg 1980 = Widmann

Quellenangaben zu den einzelnen Sagen:

Die Stadt Roglau im Chiemsee nach Brustgi, Georg: Aus der weißblauen Sagentruhe. Südd. Verlag München 1972. Dr. Schweitzer, Bruno: Volkssagen aus dem Ammerseegebiet, Heimatverlag Schweitzer
Der Ritter und die Toten nach Brustgi, Georg: Aus der weißblauen Sagentruhe. Südd. Verlag München 1972. Altbayerische Sagen. Verlag der Jugendblätter München
Die Krautinsel im Chiemsee nach Panzer I
Eine Irmengardlegende vom Chiemsee nach Anhang Traunstein II; Schacherl
Das Liebespaar auf der Fraueninsel nach Panzer II
Der gespenstische Mönch auf Herrenchiemsee nach Schöppner II (927)
Die Nikolauskapelle bei Feldwies nach Historische Sagen (324)
Geistermusik in Felswies nach Steub
Wie die Salvatorkirche bei Prien entstand nach Bals Andreas: Die Kirchen der Pfarrei Prien, Kirchenführer
Die Geistermesse in St. Salvator bei Prien nach Steub (Erzählungen des Seebühlers); Schacherl
Die wundersame Rettung des Zimmermannes aus Prien nach Altöttinger Liebfrauenbote von 1926
Die Kolomankapelle bei Hochstätt nach Schacherl
Wie die Kirche von Eggstätt entstand nach Panzer II; Schacherl
Das Wegkreuz von Breitbrunn nach mündlicher Überlieferung durch Ehrenfried John/Breitbrunn
Die »Spend« von Nußdorf nach Widmann
Der Georgiritt von Traunstein nach Meyers; Schacherl; Widmann
Wie der Klobenstein bei Traunstein entstand nach Historische Sagen (326)

Der Felsblock in der Traun nach Historische Sagen (329)
Wie der Brot-Irgl die Franzosen besiegte nach Historische Sagen (328), Heimat des Rupertigaues
Die Gründung von Maria Eck nach Kunstführer Nr. 69 von 1934 Maria Eck, Verlag Schnell u. Steiner München /Zürich 7. Aufl. 1980 Widmann
Der heilkräftige Stein am Scharamberg nach Historische Sagen (330)
Die Maria Ecker Pfennige nach Schacherl
Die Bergmännlein im Kienberg nach Altbayerische Sagen, Verlag der Jugendblätter München
Die Quelle des hl. Primus in Bad Adelholzen nach Schacherl; Widmann
Der Schatz im Engelstein nach Panzer II
Die wilden Frauen bei Bergen nach Panzer II
Frau Engela vom Engelstein nach Kroher
Die Gründung der Burg Marquartstein nach Historische Sagen (303); Kroher; Schacherl
Der Geisterwagen der Gräfin Adelheid nach Schöppner I (64); Historische Sagen (303); Bergheimat, Beilage zum Berchtesgadner Anzeiger 1922
Die Kapelle auf dem Schnappen nach Historische Sagen (327); Kroher
Der unglückliche Graf von Hohenstein nach Lexikon von Bayern Ulm 1796. III. 300. Historische Sagen (304–305)
Das Gespenst der Gräfin Kunigunde bei Hohenstein nach Historische Sagen (305–308); Kroher
Wie die Lindenkapelle bei Grassau entstand nach Historische Sagen (326); Kroher
Die Seeräuber in Unterwössen nach Meyers; Schacherl; Widmann
Die böse Frau von Rettenburg nach Historische Sagen (309)
Die Burg bei Reit im Winkl nach Historische Sagen (309)

Warum Reit im Winkl zu Bayern gehört nach Historische Sagen (329); Schacherl
Wie die Klobensteinkirche bei Schleching entstand nach Historische Sagen (325)
Die Geister bei der Servatiuskapelle auf dem Streichen nach Historische Sagen (323); Widmann
Der Spuk auf der Kampenwand nach Heinrich Noe in Sayn Wittgenstein: Der Inn München 1962
Der grimme Herr von Katzenstein nach Historische Sagen (312) Johann Frisch
Der furchtsame Ritter von Klammenstein nach Historische Sagen (322) Otto Kögl
Das Teufelsloch im Petersberg nach Panzer II
Der Teufelstritt auf dem Petersberg nach Illustrierte Sagen des Königreichs Bayern, (Johannes Heldwein) Druck von R. Oldenburg München 1908
Die drei Frauen auf Schloß Falkenstein nach Panzer II
Die schwarze Frau auf Falkenstein nach Panzer II
Der Hundsgraben am Großen Madron nach Hofmiller, Josef: Altbayerische Sagen Verlag »Bücher der Heimat« Altötting 1949; Panzer II
Das goldene Horn im Inn nach Schöppner III (1273) Gedicht v. Adalbert Müller
Der unheimliche Pudel beim Rachelschloß nach Panzer II
Die drei seltsamen Wünsche des Schmiedes von Rumpelbach nach Das Bayerische Inn-Oberland Jahrgang 1906
Der verschwundene See nach Schacherl
Wie Dämonen bezwungen werden nach Dempf, Anton »Heimat am Inn« 1935
Der Schelm vom Samerberg nach Das Bayerische Inn-Oberland Jahrgang 1932
Woher der Name Rosenheim kommt nach Lexikon von Bayern Ulm 1796. II. 807 Schöppner II (922)

Die Geisterkatzen auf der Innbrücke in Rosenheim nach Lüers
Der Schatz im Brunnen nach Panzer II
Der dumme Teufel und der schlaue Schmied nach Das Bayerische Inn-Oberland Jahrgang 1930
Die versunkene Stadt im Simssee nach Dr. Schweitzer, Bruno: Volkssagen aus dem Ammerseegebiet, Heimatverlag Schweitzer
Der unheimliche Kamerad nach Lüers
Das seltsame Klagen in Vogtareuth nach Lüers
Wie ein Vogtareuther den Teufel besiegte nach Das Bayerische Inn-Oberland Jahrgang 1930
Vom Knecht, den der Teufel holte nach Lüers
Der Fuhrmann und die arme Seele nach Lüers
Der Pfarrer, der umgehen mußte nach Baumgartner (142)
Vom Bockreiter und seiner Abwehr nach Leoprechting, Karl von: Bauerbrauch und Volksglaube in Oberbayern 1855, Baumgartner (106, 107, 109, 114)
Das unheimliche Haus bei Weitmoos nach Baumgartner (136)
Die Drud bei Griesstätt nach Baumgartner (54)
Schloß Warnbach nach Panzer I
Das Kolombu-Jesulein von Altenhohenau nach Heimat am Inn 1932; Schacherl
Das Wildschwein und die Glocken nach Baumgartner (44)
Das Kreuz auf dem Inn bei Attel nach Schöppner III (1265); Baumgartner (201)
Der Grenzsteinversetzer von Eiselfing nach Heimat am Inn 1931
Der Grenzsteinversetzer von Schonstett nach Baumgartner (143)
Der Bauer und die Kröte nach Baumgartner (42)
Der unheimliche Hund beim Eiselfinger Friedhof nach Baumgartner (38)
Der Hund im Hafenhamer Wald nach Baumgartner (129)

Der Wilderer und das Teufelsreh nach Baumgartner (45)
Die Drachen über Wasserburg nach Heimat am Inn 1938 nach Josef Maurer
Die Wahrzeichen von Wasserburg nach Schöppner III (1263)
Die beiden Baumeister von Wasserburg nach Schöppner III (1264)
Die Jakobskirche zu Wasserburg nach Schöppner III (1265)
Der Geist des Soldaten nach Baumgartner (11, 12)
Die wilde Jagd am Inn nach Heimat am Inn 1938; Baumgartner (123)
Das seltsame Pulver im Butterfaß nach Anhang Traunstein II
Die Dohlen in der Kirche von Schnaitsee nach Anhang Traunstein II
Der Schatz der Räuber nach Anhang Traunstein II
Der tote Vater am Wegrand nach Baumgartner (158)
Die neun Überlebenden von Nöstlbach nach Historische Sagen (330)
Der unterirdische Gang bei Amerang nach Baumgartner (177)
Wie Aindorf vor den Franzosen gerettet wurde nach Anhang Traunstein II
Der Hottowa nach Historische Sagen (314) Otto Kögl
Der Pandurentambour Hottowa am Leipoltsbergerhof von C (E) P. Berger 1854
Der Hottowa und die Kartenspieler nach Anhang Traunstein II, Hans Zunhammer
Der Hottowa und der Bauer nach Historische Sagen (323) Hans Zunhammer
Der Hottowa heute nach mündlicher Überlieferung durch Rosmarie Eder/Heinrichsberg bei Pittenhart
Die Raubritter von Kling nach Baumgartner (176/178)
Wie die Kirche von Pittenhart entstand nach mündlicher Überlieferung durch Rudolf Schreiner/Fachendorf, ergänzt durch Anhang Traunstein II

Die Franzosen in Pittenhart nach Historische Sagen (328) Hans Zunhammer
Der Teufelsbock bei der Pestkapelle nach mündlicher Überlieferung durch Annemarie Schreiner/Fachendorf
Der dreimal Begrabene von Wimm nach mündlicher Überlieferung durch Annemarie Schreiner/Fachendorf
Der Rosenkranz in der Pittenharter Kirche nach Aufzeichnungen von Hans Zunhammer, ehem. Heimatpfleger von Pittenhart
Das Sühnekreuz an der Oberbrunner Straße nach Anhang Traunstein II, ergänzt durch mündl. Überl. d. Annemarie Schreiner/Fachendorf
Wie der Schneckenhauser See entstand nach Anhang Traunstein II, ergänzt durch mündliche Überlieferung durch Rudolf Schreiner/Fachendorf
Der Teufel auf dem Schneckenhauser See nach Aufzeichnungen von Hans Zunhammer
Frau Bercht in Gebertsham nach Schachner/Bahnmüller: Weihnacht in der Oanöd, Pannonia-Verlag, Freilassing 1983
Das Marterl des Wildschützen bei Aiglsham nach Anhang Traunstein II
Die drei Raubritter nach Historische Sagen (311)
Wie die Kirche von Albertaich entstand nach Historische Sagen (311)
Die Sage von Seeon nach Dr. Johann Doll: Seeon ein Inselkloster 1912
Der gespenstische Mönch an der Alz nach Schacherl
Die Brunnenkapelle in Traunwalchen nach Schacherl
Der wilde Ritter Heinz von Stein nach Bergheimat Nr. 12, Beilage zum Berchtesgadner Anzeiger 1922, 2. Jahrg.; Historische Sagen (310)
Der Geist der Gräfin Adelheid auf Baumburg nach Schöpner III (1260); Bergheimat 1922; Widmann

Das französische Königspaar auf dem Altarbild von Baumburg nach Schacherl; Widmann
Der Schlupfstein von Sankt Wolfgang nach Schacherl; Widmann
Der Haberwawa nach Panzer I; Schöppner III (1258)
Der unselige Geist im Getreidespeicher nach Anhang Traunstein II
Woher Trostberg seinen Namen hat nach Schöppner III (1269)
Die heilsame Luft von Trostberg nach Anhang Traunstein II
Der Brückenbau über die Alz bei Trostberg nach Anhang Traunstein II
Flachsbräuche in der Gegend von Trostberg nach Panzer I
Wie die Cholerakapelle bei Kammer entstand nach Historische Sagen (324)
Der Spuk im Pferdestall nach Josef Gaßner in Altbayerische Heimatpost Jahrg. 36 Nr. 19
Das Gespenst ohne Kopf am Waginger See nach Historische Sagen (312)
Die Wetterglocke von Meggenthal nach mündlicher Überlieferung durch Johann Prams/Holzhausen
Die Wildschützen vonMeggenthal nach mündlicher Überlieferung durch Johann Prams/Holzhausen
Die steinernen Brote von Kay nach Altbayerische Sagen, Verlag der Jugendblätter München ergänzt durch mündl. Überlieferung durch Anna Eglseer/Kay und Johann Prams/Holzhausen
Der unheimliche Eisstockschütze nach mündlicher Übrlieferung durch Johann Prams nach einer Erzählung von Erna Danzl
Das echte und das falsche Heilwasser von Salling nach mündlicher Überlieferung durch Johann Prams/Holzhausen, durch Lebendige Gemeinde Informationsblatt der Kayer Pfarrgemeinde 1981

Das Duell der Brüder bei Salling nach mündl. Überlieferung durch Johann Prams/Holzhausen (hat die Geschichte vom Kiererbauern u.v. Bruckner)
Die Raubritterburg von Lanzing nach mündl. Überl. durch Johann Prams/Holzhausen
Das Marterl am Schusterberg von Kay nach Johann Prams/Holzhausen in Lebendige Gemeinde, Informationsblatt der Kayer Pfarrgemeinde
Der Schatz im Friedhof von Lanzing nach mündlicher Überlieferung durch Johann Prams/Holzhausen
Das Teufelsbrünndl bei Guggenberg nach mündlicher Überlieferung durch Ernst Bleibinger/Kay
Die wilde Jagd bei Tittmoning nach Panzer I
Die Pest in Mühlham nach mündl. Überlieferung durch Johann Prams/Holzhausen
Wie der Schmied von Mühlham die Pest überlebte nach mündlicher Überlieferung durch Johann Prams/Holzhausen
Die Scheintote auf dem Pestkarren nach mündlicher Überlieferung durch Johann Prams/Holzhausen
Die sprechenden Ochsen bei Halsbach nach Schachner/Bahnmüller: Weihnacht in der Oanöd, Pannonia Verlag Freilassing 1983; Baumgartner (46)
Die Votivtafel in Marienberg nach mündlicher Überlieferung durch Johann Prams/Holzhausen
Der Galgenpater von Burghausen nach Schöppner III (1278)
Der eingemauerte Koch von Burghausen nach Richhardi, Hans-Günter: Burgen, Schlösser und Klöster in Bayern, Ringier Zürich München 1978, Burghauser Nachrichten Nr. 245/1960

Orts- und Namensregister

Achental 53, 54, 61
Aiglsham 175
Aindorf 143
Albertaich 177, 178
Altenhohenau 121
Altenmarkt 180, 188
Altötting
  26, 28, 190, 196
Alz 178, 193
Amerang 119, 143, 144
Anger 39
Antoniuskapelle 89
Attel 122
Augsburg 210

Bad Adelholzen 46, 49
Baumburg 58, 181, 187
Berchta, Bercht 174, 175
Berchtesgaden 51
Berengar II. v. Sulzbach
  186
Bergen 49, 51, 52
Berger C (E?) P. 145
Bergham (Tittm.) 202
Bilwißschneider 118
Bockreiter 118, 119
Breitbrunn 28, 30
Brot-Irgl 39, 40
Burghausen 201, 223-227

Chieming 18, 39
Chiemsee 9-21, 24-29,
  33, 60, 67, 70

Dämonen 105, 128
Dempf Anton 105
Diepoldsberg 177

Dießen, Arnold v. 129
Diokletian 49
Drachen 105, 129
Dullinger Sigismund 40

Egerndach 59, 64, 77
Eggstätt 29, 30, 170, 178
Eiselfing 123, 125, 126
Engela 52
Engelbert 129
Engelsberg 35
Engelstein 49, 51, 52
Ertlberg 176
Ettendorf 34, 35
Eulenburg, Philipp v. 82
Exenberg 222

Fachendorf 168
Falkenstein 90-94
Feldwies 18-19
Felicianus 49
Flintsbach 86-94
Frabertsham 119
Franziskus 86
Fraueninsel 13, 14,
  16, 18
Frauenwörth 14, 16
Fridolfing 201

Gebertsham 174, 175
Gebsattel, Gottfried
  184, 185
Georg (hl.) 34, 35
Gnadenkindl 121
Gollenhausen 30
Grabenstätt 28
Gramelberg 164

Grassach 222
Grassau 66
Gravenecker, Hans
  180-185
Gravenecker, Waltraud
  180-185
Griesstätt 117, 120, 121
Großer Madron 92
Gstad 30
Guggenberg 215, 217

Haberwawa 189
Hafenham 127
Halsbach 223
Harpfing 137, 141
Haslach 33
Heiserer, Jos. 129
Heinrichsberg
  144, 164, 166
Helfenau, Kunz von 16
Helfenau. Mathilde v. 16
Hemma 14
Herreninsel 13
Herrenwerd 16
Hinzing 167
Hirschbichl 51
Hochfelln 40
Hochgern 53, 59
Hochries 105
Hochstätt 28, 29
Hof 220
Hohenburg 166
Hohenstein 53, 57, 58, 61
Höllgraben 46
Höslwang 142, 143, 175
Hottowa 144-166
Hundsgraben 93

Ilzham 176
Inn 86-137, 166, 182, 189
Irlberg 39
Irmengard 14, 15
Jakobskirche
 (Wasserburg) 134
Juditha 186

Kammer 195
Kampenwand 79
Karl der Große 14
Karolinger 53
Katzenstein 83
Kay 205, 214, 224
Kerschdorf 122
Kienberg 46
Kirchstätt 137
Kirchwald 84
Klammenstein 82, 83
Kling 146, 160, 163, 166
Klobenstein Schleching 76
Klobenstein Traunstein 36
Kögl, Otto 144
Kohlstadt 49
Koloman 28, 29
Konrad (hl.) 83
Konrad 135
Kössen 76
Krautinsel 13
Kroatensteig 78
Kunigunde v. Hohenstein
 62-65
Kunigunde (Wasserburg)
 135

Lahr Simon 43
Laiming 122
Lampoding 197-201
Landshut 226
Lanzing 213-215, 221

Leitgeringer See 220
Leitnerin, Maria 43
Leonhardspfunzen 109
Leoprechting, Karl v.
 118
Lidering 165
Lindenkapelle 66
Linner, Georg 74
Ludwig (bayr. Herzog)
 193
Ludwig der Deutsche 14
Ludwig XIV 187
Lüers, Friedrich 116
Lymburg 131

Mallerting 143
Margareta 58, 187
Maria Eck 40-46
Marienberg 224
Marquart II. v. Hohen
 stein 53-59, 186
Marquartstein
 53-59, 66, 186
Maximilian III. Josef
 187
Max I. Josef 75
Meggenthal 201-205
Mögling, Adelheid v.
 57, 59, 186
Mögling, Cuno v. 57
Moos (Tittm.) 220
Mühlham 220-223
München 25, 187, 225

Napoleon 170
Neuamerang 33
Neubeuern, Agnes v. 83
Niederheining 51
Nikolaus (hl.) 18
Nöstlbach 142, 143

Nußbaum, Dr. 26
Nußdorf (Chieming) 33
Nußdorf (Inn) 83, 84

Oberbrunn 171
Oberödham 206
Obing 144, 166, 168, 175
Öden 141
Ollerding 213
Ostara 34
Otto (hl.) 61

Palling 206
Panzer, Friedrich 13, 16,
 51, 90, 121, 192
Pattenberg 49, 50
Pelhamer See 29
Pertenstein 180
Petersberg 86-90
Piesenhausen 66
Pirach 108
Pittenhart 143, 144, 152,
 159, 166, 174, 178
Poing
Ponlach
Praunschwaig, Otto
 Walch von 60-63
Prien 23, 24, 25, 68
Primus 49
Pütten, Ulrich v. 186

Quarantain 84

Rachelwand 90
Rachelschloß 95
Reichenhall 106
Reisberger, Zeno 182
Reit im Winkl 69, 74, 75
Rettenburg 69-74
Rimsting 28

239

Rocke 129
Roglau 9
Rosenheim 107-109, 142
Rothbuch 172
Ruhpolding 35, 46, 68
Rumpelbach 97-106
Rupert (hl.) 205
Rute, Otto v. 74

Salling 205, 210-213, 217
Salzach 51, 110
Salzburg 184, 202, 203
Samerberg 97, 105, 106
Sankt Leonhard 84
Sankt Salvator (Prien) 23, 24
Sankt Wolfgang (Altenmarkt) 188
Scharamberg 40-46
Schauburg, Hans v. 35
Schellunter 75
Schierghofer, Dr. Georg 35
Schleching 76, 77
Schlupfstein 188
Schnaitsee 137, 146, 141, 166
Schnappen 59, 57
Schnappenberg 56
Schneckenhauser See 172-174
Schnell, Dr. Hugo 43
Schöneggart 62
Schonstett 108, 118, 124
Schöppner, Alexander 122, 129, 132, 135, 189, 192, 224
Schrannenbaummandl 201
Sebastian (hl.) 220

Seeon Kloster 40, 178, 163, 144
Seeoner See 178
Servatius (hl.) 77
Siegsdorf 43, 49
Siggenham 23
Simssee 110
Sparz 38
Staudach 53, 57, 60
Stein 180-185
Stein, Heinz v. 180-185
Stephanskirchen 176
Stocker, Franz 25
Streichen 77
Sulzbach 186

Tachinger See 201
Taubensee 78
Teisendorf 39
Tengling 197, 208
Tipling 222, 223
Tiroler Achen 78
Tittmoning 201-220
Toerring, Ladislaus v. 180
Traun 180, 36, 38, 39
Traunreut 195
Traunstein 33, 34, 38, 68
Traunwalchen 180
Trostberg 189, 192-196
Truchtlaching 178

Überfilzen 84
Ulm 107
Ulrich (hl.) 210
Ulsham 29
Untersberg 24, 25
Unterwössen 67, 68

Vogtareuth 110-117

Vorderegg 42

Waging 196, 197
Waginger See 196, 197-201
Waltenberg 178
Warnbach 121
Wasserburg 126, 129-136, 146, 166 184
Weigl, Kolumba 121
Weitmoos 120
Widmann, Werner A. 33
Wiesmühl (Tittm.) 206
Wimm 170
Wilde Jagd 136, 217
Windhausen 82
Windschnur 172
Wolfgang (hl.) 59
Wössen 69

Zaisering
Zunhammer, Hans 167, 174